ABC da Magia

Rituais para o Amor
e Conquistas

Tânia Gori

ABC da Magia
Rituais para o Amor e Conquistas

MADRAS®

© 2022, Madras Editora Ltda.

Editor:
Wagner Veneziani Costa

Produção e Capa:
Equipe Técnica Madras

Revisão:
Jerônimo Feitosa
Neuza Rosa

Dados Internacionais de Catalogação na Publicação (CIP)
(Câmara Brasileira do Livro, SP, Brasil)

Gori, Tânia
A magia da conquista : bruxaria natural / Tânia Gori. -- São Paulo : Madras, 2022.

ISBN 978-85-370-1015-0

1. Bruxaria 2. Magia 3. Ocultismo 4. Rituais I. Título.

16-05298   CDD-133.43

Índices para catálogo sistemático:
1. Bruxaria : Magia : Ocultismo 133.43

É proibida a reprodução total ou parcial desta obra, de qualquer forma ou por qualquer meio eletrônico, mecânico, inclusive por meio de processos xerográficos, incluindo ainda o uso da internet, sem a permissão expressa da Madras Editora, na pessoa de seu editor (Lei nº 9.610, de 19.2.98).

Todos os direitos desta edição reservados pela

MADRAS EDITORA LTDA.
Rua Paulo Gonçalves, 88 – Santana
CEP: 02403-020 – São Paulo/SP
Caixa Postal: 12183 – CEP: 02013-970
Tel.: (11) 2281-5555 – Fax: (11) 2959-3090
www.madras.com.br

Este livro é dedicado às minhas três maiores conquistas, meus magos: Alex, Renan e Raphael.

Agradecimentos

Agradeço a todos os Deuses e Deusas que me serviram de inspiração para compor mais este trabalho.

A todos que, direta ou indiretamente, estiveram ao meu lado.

Agradeço ao Alexandre, minha grande conquista e minha cara-metade, além de ser meu lindo "presente de Natal".

Aos meus alunos e amigos, que me apoiaram e me ajudaram nas pesquisas e realizações das magias e poções aqui colocadas.

Enfim, agradeço muito aos céus, à terra e a todos os seres mágicos que também estiveram ao meu lado nesta obra. E, é lógico, ao meu leitor, pois sem ele este livro não teria nenhum valor.

Beijos Encantados!!!
Tânia Gori

Quero...

Quero que todos os dias dos ano
todos os dias da vida
de meia em meia hora
de 5 em 5 minutos
me digas: Eu te amo.

Ouvindo-te dizer: Eu te amo,
creio, no momento, que sou amado.
No momento anterior
e no seguinte,
como sabê-lo?

Quero que me repitas até a exaustão
que me amas que me amas que me amas.
Do contrário, evapora-se a amação
pois ao não dizer: Eu te amo,
desmentes
apagas
teu amor por mim.

Exijo de ti o perene comunicado.
Não exijo senão isto,
isto sempre, isto cada vez mais.

Quero ser amado por e em tua palavra
nem sei de outra maneira a não ser esta
de reconhecer o dom amoroso,
a perfeita maneira de saber-se amado:
amor na raiz da palavra
e na sua emissão,
amor
saltando da língua nacional,
amor
feito som
vibração espacial.

No momento em que não me dizes:
Eu te amo,
inexoravelmente sei
que deixaste de amar-me.
que nunca me amaste antes.

Se não me disseres urgente repetido
Eu te amoamoamoamo,
verdade fulminante que acabas de desentranhar,
eu me precipito no caos,
essa coleção de objetos de não amor.

Carlos Drummond de Andrade

Índice

Introdução 13

Capítulo Um
A Magia, a Mitologia e a Responsabilidade 15

Capítulo Dois
Primeiros Passos na Magia 23

Capítulo Três
Rituais com Ervas: Utilização Mágica das Ervas 29

Capítulo Quatro
Utilização Mágica dos Cristais 41

Capítulo Cinco
Receitas Mágicas – Rituais Especiais
para um Grande Amor 47

Capítulo Seis
O Poder das Mulheres: Autovalorização e
Cuidados Pessoais 93

Capítulo Sete
Gastronomia da Bruxa – O Poder Encantado
em Nossa Cozinha 99

Capítulo Oito
Talismãs e Amuletos para o Amor 111

Capítulo Nove
O Jogo de Sedução dos Signos 117

Capítulo Dez
Curiosidades: Você Sabe Como Surgiu o
Dia dos Namorados? 119

Capítulo Onze
Histórias Que Tocarão o Coração 121

Capítulo Doze
E, para Terminar, Vamos Falar sobre Desejos 131

Bibliografia 141

Introdução

Se um dia você acordar, abrir os olhos, olhar pela janela e achar que é primavera, apesar do céu encoberto e cinzento, pode estar certo de uma coisa... Você está conhecendo a magia de estar apaixonado.

E é justamente esta força estranha que torna as pessoas mais belas, mais iluminadas e infinitamente felizes, que dá aquele aperto na boca do estômago e uma lerdeza incontrolável nas pernas. Isto, sem falar no coração sempre descompassado, nas mãos frias, no suor que corre pela espinha e na interminável espera por uma carta, um *e-mail*, um bilhete ou um simples telefonema falando... olá!

Todo mundo tenta defini-lo, mas poucos conseguem, porque para cada pessoa ele é diferente, tem um significado mágico... ultradimensional... ultraespacial... Entretanto, na maioria dos casos, estes sentimentos são tão fortes que, canalizados, podem mover o céu, o mar e as estrelas...

Inspiração dos poetas... das cabeças sonhadoras dos jovens, adolescentes, adultos e sábios...

Porém, amar também é perder... Amar é saber que a separação um dia virá, de repente, como disse o poeta Vinicius de Moraes, saiba que não é para ser eterno, mas infinito enquanto durar... Dedicarmo-nos inteiramente a alguém, mas nunca esquecermos de nós mesmos, pois esse alguém pode ir embora um dia...

Devemos amar sem temer feridas ou cicatrizes, pois a dor também traz o aprendizado e o crescimento, e viver sem amor é impossível... E se você concorda comigo, então, seja bem-vindo(a) a este mundo mágico de sedução e conquista...

Capítulo Um

A Magia, a Mitologia e a Responsabilidade

Magias que envolvem o amor e a conquista sempre foram magias que me aguçaram a curiosidade, talvez pelo signo de Escorpião, signo da sedução e dos mistérios ocultos, ou talvez pela necessidade humana em estar sempre buscando a perfeição nos relacionamentos.

A Arte da Sedução e da Conquista sempre esteve presente na história da humanidade... As "Fórmulas e Poções Mágicas" para aumentar ou mesmo despertar o vigor, o desejo e o apetite sexual sempre foram buscadas, desde os primórdios.

Nos cultos da Antiguidade, flores, ervas e cristais faziam parte dessas poções ou oferendas a Deusas e Deuses do amor, pois são dotados de poderes afrodisíacos.

Entre essas divindades estão:

Afrodite (*Venus*, em latim)

Nasceu da espuma dos mares, fecundada pelos testículos de Urano. Era considerada a deusa da primavera, das flores, dos jardins e da navegação. Ela sempre estava acompanhada das Cárites, que eram as deusas da graça, das Horas e de outras divindades personificadas do amor. Sendo a mais bela e popular do Olimpo, foi cortejada po todos os deuses, inclusive Zeus, a quem recusou. Em vingança, ele deu-a em casamento a Hefesto, o mais feio dos imortais. Infiel ao marido, teve muitos filhos de outros, entre eles Eros, o hermafrodita, Anteros e Harmonia. Traía o marido com Ares, Hermes, Dionísio, Poseidon e Anquises. Surpreendendo-a com Ares em seu leito, Hefesto prendeu-os em uma rede invisível e inquebrável, para mostrar a todos os outros deuses a traição de sua mulher. Por seus amores, como este, também foi considerada divindade guerreira. Há tradições que dizem que ela é filha de Zeus e Dione, a Afrodite, protetora das prostitutas. A sede mais antiga de seu culto era a ilha de Chipre, sua cidade preferida e a mais próxima do local de seu nascimento. A murta era sua árvore; suas aves eram a pomba, o pardal e o cisne.

Perséfone

Filha de Zeus e de Deméter, deusa da terra e da agricultura. Hades, deus do mundo subterrâneo, apaixonou-se por ela e desejava desposá-la. Embora Zeus consentisse, Deméter relutou. Assim, Hades prendeu a virgem, quando ela estava colhendo flores, e levou-a para seu reino. Enquanto Deméter vagava em busca de sua filha perdida, a terra ficou desolada. Toda a vegetação morreu e a fome devastou a terra. Finalmente, Zeus enviou Hermes, o mensageiro dos deuses, para trazer Perséfone de volta à sua mãe. Antes de deixá-la partir, Hades pediu que comesse uma semente de romã, o alimento dos mortos. Assim, ela foi compelida a retornar ao mundo subterrâneo por três meses de cada ano. Como deusa dos mortos e da fertilidade da terra, Perséfone era uma personificação do renascimento da natureza na primavera.

Dionísio (*Bacchus*, em latim)

Baco, assim chamado pelos romanos, era o deus do vinho, da colheita, da fertilidade, dos delírios e prazeres carnais.

Filho de Zeus com a princesa Sêmele, surgiu de um modo muito diferente dos outros. No início era Zagreu, filho de Zeus e Perséfone, que fora fulminado pelos titãs a mando de Hera. Seu coração serviu de semente no corpo de Sêmele, para voltar a vida.

Por ciúmes, Hera fulminou Sêmele, antes que o bebê tivesse o desenvolvimento necessário. Zeus, para que o desenvolvimento de seu filho não fosse interrompido, colocou-o em uma de suas coxas. Assim, ao nascer, foi chamado de Dionísio. Ele cresceu e foi criado pelas ninfas. Dionísio fora o único deus gerado de uma mortal.

Penteu, primo de Dionísio, impediu que este entrasse em Tebas, terra natal de Sêmele. Tanto que quando Dionísio chegou a Tebas, foi preso e encarcerado. Por vingança, ele fez com que as mulheres acompanhassem o cortejo das bacantes, enquanto os homens entravam em sono profundo. Dentre elas estava Agave, mãe de Penteu, que dissera calúnias insuportáveis por um deus sobre Sêmele. Dionísio fez com que Agave matasse Penteu, em momentos de loucura proporcionados por ele.

Casou-se com Ariadne, depois que esta foi abandonada por Teseu.

Brigit (ou Breed, Brida)

Deusa do Fogo, fertilidade e todas as artes femininas. Está relacionada à agricultura, inspiração, aprendizagem, poesia, adivinhação, profecia, ao amor, à bruxaria e ao conhecimento do oculto. Ela é a mãe para os homens nas artes e ofícios. Brigit é relacionada às faces da mulher, como jovem, mulher e anciã, ou em determinados lugares, apenas como a força geradora, a Mãe.

Freya ou Frigg

Irmã de Frey, deusa protetora do amor e da feitiçaria. Compartilhou a morte com Odin em batalha, recebendo o primeiro golpe. Esposa de Odin. Deusa da Fertilidade, versão da mãe Terra.

Ísis

Conhecida como a divina mãe e esposa de Osíris, mãe de Hórus; Ísis é uma das quatro grandes deusas protetoras (Bastet, Nephytes, Hathor e Ísis). Ela é conhecida também com Rainha do Céu e rege sobre todos os assuntos que concernem a vida, a maternidade e a bruxaria.

Na origem do mito de Rá e do Mundo, foi descrito que ela encontrou o nome Rá fazendo com que uma serpente venenosa mordesse Rá por encantamento. A serpente mordeu Rá, e a única maneira de curá-lo foi a descoberta de seu verdadeiro nome. Conhecendo esse nome, ela obteve um poder do mesmo porte do dele e, a partir disso, tornou-se conhecida como a feiticeira divina. Outro mito de Ísis concerne a ambos, Osíris e Hórus. Nesse mito, Set assassina Osíris e dispersa seu corpo em seis pedaços, um em cada canto do mundo. Ísis foi ao encontro desses pedaços quando estava com Hórus em seu ventre. Durante esse tempo Osíris tornou-se Senhor dos Mortos. Hórus foi dado à luz e comprometeu-se a vingar a morte de seu pai pelo assassinato de Set. Hórus vingou seu pai, mas Ísis vagou pelo mundo juntando os pedaços de Osíris e pediu a Rá que o trouxesse à vida. Ísis viveu a partir de então como pranteadora divina na terra e no céu.

Essas são algumas das lendas dos Deuses e Deusas antigas que recebiam grandes festas em homenagens e também Rituais próprios para cada um.

Dentro de uma linha de cultos a essas Deusas do amor, muitas vezes eram feitos sortilégios em troca de beleza e amor.

Um sortilégio simples que podemos fazer em nossos dias atuais, em uma noite de Lua Cheia, é colocar ao mar um pouco de seu perfume preferido, pétalas de seis rosas vermelhas e cálices de vinho tinto. Agradecendo pelo amor recebido (mesmo que ainda não tenha esse amor), lave os pés na água do mar e vá embora. As antigas gregas ofereciam a Afrodite (Vênus), assim que conseguiam seu amor, uma joia de uso pessoal.

Na Idade Média, as bruxas utilizavam-se muitas vezes da força de elementos naturais e da energia de cada Deus ou Deusa de sua Mitologia ou Crença para preparar os seus Rituais, poções, fórmulas ou filtros de Amor.

Hoje em dia, podemos também fazer uso desses poderes.Como? Basicamente estimulando alguns dos cinco sentidos, como o olfato, o tato e o paladar, e ainda acreditando no grande poder que temos de sedução dentro e fora de cada um de nós.

Nessa nossa conversa pretendo passar para você os segredos da magia da conquista, por meio de perfumes, banhos, alimentos, filtros, poções e fórmulas mágicas.

Antes, porém, deixe-me explicar algo muito importante quando trabalhamos com Magia de Amor, Sedução e Conquista. Dentro da Magia Natural, NUNCA DEVEMOS INTERFERIR NO LIVRE-ARBÍTRIO DE NINGUÉM, ou seja, podemos fazer quantas magias quisermos desde que nunca seja feita uma magia que prenda uma determinada pessoa a nós.

Em sala de aula, gosto muito de contar a história de Tristão e Isolda, pois ilustra muito bem o que estou tentando falar... Tristão era apaixonado por Isolda, mas Isolda iria se casar com Marc. Na noite de núpcias, a mãe de Isolda preparou uma poção para que quem tomasse dela ficasse perdidamente apaixonado. Isolda e Tristão tomaram a poção e, de tão apaixonados, um não pôde mais viver sem o outro. Isolda tornou-se uma pessoa chorosa, pois queria a presença de Tristão 24 horas. Isolda acabou se casando com Marc, mas não podia ficar sem Tristão. Pela infelicidade vivida, eles fogem, mas, por muitos contratempos, acabam se separando, e ambos vão definhando até a morte.

Esse mito demonstra muito da força da magia dentro do amor e da conquista, e ainda o uso sem pensar nas consequências da Magia.

Sabemos, como bruxas, que tudo que fizemos voltará três vezes para nós, mas quase sempre não sabemos a consequência de nossos atos.

Outra história, esta real, aconteceu com um amigo... Ele não suportava de ciúmes da pessoa amada, ele não podia olhar para o lado. Um dia, não aguentando mais de ciúmes, ela fez uma magia para que ele não olhasse para outra pessoa, a não ser para ela. A Magia funcionou 100% para atender o que ela pediu, no mesmo dia ela bateu o carro e ficou tetraplégica. Não era bem dessa maneira o final que ela havia imaginado...

Somos seres livres e devemos deixar todos livres, se eles estão ao nosso lado é porque os conquistamos, senão nunca os possuímos nem nunca possuiremos.

Reflexão: "Há duas maneiras de se espalhar a Luz: Ser a vela ou o espelho que a reflete" – Edthe Whorton

Capítulo Dois

Primeiros Passos na Magia

Depois que compreendemos nossas responsabilidades perante o Universo sobre a vida do outro, estamos livres para começar a prática propriamente dita da Magia.

Primeiramente, precisamos aprender quais são as energias favoráveis para a conquista, autoestima e amor.

Quando trabalhamos com esses objetivos sempre devemos trabalhar na fase crescente da Lua, que vai do primeiro dia da fase Crescente até os primeiros dia e hora da Lua Cheia.

Os dias ideais para fazer magia do amor, sexo e comunicação são:
- Segunda-feira – regido pela Lua – Amor íntimo
- Terça-feira – regido por Marte – Sexualidade
- Quarta-feira – regido por Mercúrio – Comunicação
- Quinta-feira – regido por Júpiter – Trabalhar com a verdade
- Sexta-feira – regido por Vênus – Fortalecimento e conquista do amor
- Sábado – regido por Saturno – Para firmar objetivos
- Domingo – Regido pelo Sol – Para cura do coração

Estes são os melhores horários e os respectivos dias para a execução de rituais ligados ao amor, à paixão e abertura de caminho dos nossos sentimentos.

Domingo: Sol – Prosperidade, Brilho, Sucesso			
01:00	Sol	13:00	Júpiter
02:00	Vênus	14:00	Marte
03:00	Mercúrio	15:00	Sol
04:00	Lua	16:00	Vênus
05:00	Saturno	17:00	Mercúrio
06:00	Júpiter	18:00	Lua
07:00	Marte	19:00	Saturno
08:00	Sol	20:00	Júpiter
09:00	Vênus	21:00	Marte
10:00	Mercúrio	22:00	Sol
11:00	Lua	23:00	Vênus
12:00	Saturno	24:00	Mercúrio

Segunda: Lua – Intuição e Amor			
01:00	Lua	13:00	Vênus
02:00	Saturno	14:00	Mercúrio
03:00	Júpiter	15:00	Lua
04:00	Marte	16:00	Saturno
05:00	Sol	17:00	Júpiter
06:00	Vênus	18:00	Marte
07:00	Mercúrio	19:00	Sol
08:00	Lua	20:00	Vênus
09:00	Saturno	21:00	Mercúrio
10:00	Júpiter	22:00	Lua
11:00	Marte	23:00	Saturno
12:00	Sol	24:00	Júpiter

Terça: Marte – Força de Vontade, Ânimo

Hora	Planeta	Hora	Planeta
01:00	Marte	13:00	Saturno
02:00	Sol	14:00	Júpiter
03:00	Vênus	15:00	Marte
04:00	Mercúrio	16:00	Sol
05:00	Lua	17:00	Vênus
06:00	Saturno	18:00	Mercúrio
07:00	Júpiter	19:00	Lua
08:00	Marte	20:00	Saturno
09:00	Sol	21:00	Júpiter
10:00	Vênus	22:00	Marte
11:00	Mercúrio	23:00	Sol
12:00	Lua	24:00	Vênus

Quarta: Mercúrio – Comunicação

Hora	Planeta	Hora	Planeta
01:00	Mercúrio	13:00	Sol
02:00	Lua	14:00	Vênus
03:00	Saturno	15:00	Mercúrio
04:00	Júpiter	16:00	Lua
05:00	Marte	17:00	Saturno
06:00	Sol	18:00	Júpiter
07:00	Vênus	19:00	Marte
08:00	Mercúrio	20:00	Sol
09:00	Lua	21:00	Vênus
10:00	Saturno	22:00	Mercúrio
11:00	Júpiter	23:00	Lua
12:00	Marte	24:00	Saturno

Quinta: Júpiter – Positivismo

Hora	Planeta	Hora	Planeta
01:00	Júpiter	13:00	Lua
02:00	Marte	14:00	Saturno
03:00	Sol	15:00	Júpiter
04:00	Vênus	16:00	Marte
05:00	Mercúrio	17:00	Sol
06:00	Lua	18:00	Vênus

07:00	Saturno	19:00	Mercúrio
08:00	Júpiter	20:00	Lua
09:00	Marte	21:00	Saturno
10:00	Sol	22:00	Júpiter
11:00	Vênus	23:00	Marte
12:00	Mercúrio	24:00	Sol

Sexta: Vênus – Amor, Beleza e Sensualidade			
01:00	Vênus	13:00	Marte
02:00	Mercúrio	14:00	Sol
03:00	Lua	15:00	Vênus
04:00	Saturno	16:00	Mercúrio
05:00	Júpiter	17:00	Lua
06:00	Marte	18:00	Saturno
07:00	Sol	19:00	Júpiter
08:00	Vênus	20:00	Marte
09:00	Mercúrio	21:00	Sol
10:00	Lua	22:00	Vênus
11:00	Saturno	23:00	Mercúrio
12:00	Júpiter	24:00	Lua

Sábado: Saturno – Reflexão, Dificuldades			
01:00	Saturno	13:00	Mercúrio
02:00	Júpiter	14:00	Lua
03:00	Marte	15:00	Saturno
04:00	Sol	16:00	Júpiter
05:00	Vênus	17:00	Marte
06:00	Mercúrio	18:00	Sol
07:00	Lua	19:00	Vênus
08:00	Saturno	20:00	Mercúrio
09:00	Júpiter	21:00	Lua
10:00	Marte	22:00	Saturno
11:00	Sol	23:00	Júpiter
12:00	Vênus	24:00	Marte

O que isso significa? Significa que, para trabalhar com a energia de abrir meus caminhos na área amorosa, eu posso me conectar a força da Lua Crescente para Cheia, escolher a segunda ou a sexta-feira, nos horários colocados, e centralizar a energia do Universo juntamente à minha para aumentar o potencial mágico desse objetivo.

Reflexão: "A realidade normal é como um encantamento – muito necessário, já que vivemos de hábitos, rotinas e códigos que consideramos garantidos. O problema surge quando se pode criar o encantamento, mas não quebrá-lo. Se neste instante alguém conseguisse mergulhar abaixo da realidade diária, até sua fonte, teria uma experiência notável" – Deepak Chopra

Capítulo Três

Rituais com Ervas: Utilização Mágica das Ervas

Já vi que o Universo me fornece a energia da Lua, dos dias da semanas, e até mesmo se desejar os horários mais propícios para o trabalho mágico na área de amor. Lógico que, se por algum motivo você não conseguir seguir as orientações dadas, por favor, não se desespere. Dentro da magia devemos aprender que a flexibilidade sempre está ao nosso lado e que uma bruxa usa muito de sua intuição para obter melhores resultados.

Entramos agora no mundo encantado das ervas, ou seja, o conhecimento antigo e milenar de preparação de nossas magias com o que a mãe natureza nos deixou.

Podemos trabalhar com as ervas de várias maneiras. As principais são:

1. *Chás*

De acordo com a composição e as qualidades de cada erva ou planta medicinal, o chá deve ser preparado de diferentes formas.

Para folhas e frutas podemos trabalhar com a maceração
Amassar a planta e colocar em um copo d'água, durante a noite. No dia seguinte, coar e tomar a água, aos poucos. Aquecer levemente, coar e beber o chá.

Para ervas secas ou frescas, principalmente flores, folhas e caules tenros, temos a infusão
Despejar água fervente sobre as ervas, na proporção de uma a duas colheres de sopa de planta para cada xícara de água, tampar bem o recipiente e deixar repousar de cinco a dez minutos. Em seguida, coar e tomar o chá.

Para partes mais duras da planta, como sementes, caules, raízes e cascas, temos a decocção
Colocar num recipiente contendo água fria as plantas, na proporção de uma a duas colheres em cada xícara de água, levar ao fogo brando e cozinhar de três a 30 minutos. Em seguida, deixar em repouso por alguns minutos, coar e tomar.

2. Banhos

Com auxílio dos banhos a pele é estimulada, purificada e massageada pelas substâncias contidas nas ervas. Todo o organismo pode ser também graças aos efeitos calmantes, estimulantes, refrescantes e aromáticos. Fazer um chá, infusão ou decocção, na proporção de uma mão cheia de plantas para cada litro de água, coar a mistura na água que servirá de banho. Outra forma é colocar as ervas em um saquinho de tecido, costurar e deixar boiar na água do banho. O sachê para banho facilita em muito o trabalho de limpeza do banheiro após o uso. Os banhos (de corpo inteiro ou parciais) geralmente são prescritos para uma vez ao dia.

3. Tinturas

As tinturas são usadas quando se deseja que os princípios ativos de uma planta alcancem o mais rápido possível a circulação para atuarem sobre os órgãos afetados. Isto acontece com a absorção desses princípios ativos já pela mucosa da boca. Coloca-se 200 gramas de plantas em um litro de álcool, 70% dentro de um frasco de vidro transparente e bem fechado. Colocar o frasco no sol durante uma semana, ao usar raízes, tubérculos e rizomas. De uma a quatro semanas enterrado, para folhas, flores, sementes, frutos e caules. Passados esses prazos, filtrar em pano limpo. Estocar em vidro âmbar.

4. Água de flores

As águas aromáticas consistem basicamente de uma maceração, e devem ser sempre preparadas em recipientes de porcelana ou vidro.

Utilizar:
7 flores de qualquer cor e tipo (maduras)
1 litro de água destilada
2 colheres de sopa de glicerina

Macerar bem as flores, adicionar a glicerina e aguardar 24 horas. Colocar em recipiente de vidro com água destilada, misturar bem, deixar em maceração por 5 dias, filtrar e guardar em recipiente âmbar.

5. Pó

Toda planta pode ser transformada em pó, sem qualquer preparação, como se fazia em Roma. Basta torrar as ervas no forno e depois triturá-las no liquidificador ou pilão. Você poderá soprá-lo sobre uma pessoa ou usá-lo quando quiser num ambiente. Usar em banho e na casa.

Descrição das principais ervas para rituais de amor

1. Abacate (*Persea gratissima*)

Usado para o amor, para beleza e a para o aumento da autoestima. Em noite de Lua Cheia, faça uma máscara com creme de abacate e passe sobre o rosto deixando alguns minutos; enxágue com água mineral e estabeleça um relacionamento com Vênus para que esta mantenha sempre sua sempre sua juventude.

2. Açafrão (*Crocus sativus*)

O uso do açafrão na culinária estimula todo nosso lado sensual. Era considerado pelos antigos um tempero altamente afrodisíaco.

3. Agrião (*Nasturtium officinale*)

O agrião recebe a energia da Lua, estimulando nosso lado feminino, equilibrando nossos sentimentos e também sendo considerada uma erva afrodisíaca. Pode ser servido na salada como acompanhamento de um jantar romântico.

4. Alecrim (*Rosmarinus officinalis*)

Há muito é considerada uma planta sagrada, consagrada aos Deuses do Lar. É usada na magia queimando as folhas para afastar energias negativas. Se a pessoa amada for tocada com um galho de alecrim, seu amor será para sempre. É a erva da juventude eterna, do amor, da amizade, da purificação e da alegria de viver. Usa-se macerada ou como óleo no plexo solar – entrada de energia localizada quatro dedos acima do umbigo –; aumenta a autoestima.

5. Amora (*Rubus villosus*)

Numa noite de Lua Cheia, sirva para a pessoa amada uma torta de amora (Veja receita mágica (Torta de Circe) no capítulo "Gastronomia da Bruxa") com vinho tinto para esquentar o amor.

6. **Aipo (*Apium Graveolens*)**
Mastigar sementes de aipo ajuda a concentração e meditação. Também, para impotência sexual, colocar um ramo de aipo em cada canto do quarto ajuda a elevar o astral.

7. **Anis-estrelado (*Pimpinella anisum*)**
Ensina o fluir natural dos sentimentos da forma como eles se originam. Usado em banho, promove aparência mais jovem e também elimina possíveis complexos de baixa estima.

8. **Amor-perfeito (*Viola tricolor*)**
Essa flor, se levada a um encontro amoroso, assegura um relacionamento tranquilo e sincero de ambas as partes.

9. **Arnica (*Arnica montana*)**
O bálsamo usado em forma de banho ou escalda-pés auxilia no alívio da dor sentimental, do abandono e também em casos de solidão.

10. **Alfazema (*Lavandula spp*)**
Uma das ervas mais usadas dentro da magia, também é usada na arte da sedução. Podendo ser usada como um óleo de massagem, incenso, banho ou defumação. Excelente para quem deseja um amor romântico.

11. **Artemísia (*Artemisia vulgaris*)**
Colhida depois da Lua Cheia é ótima contra sedução. Para que a pessoa amada nunca se esqueça de você, experimente, antes do ato sexual, massageá-la com óleo de artemísia.

12. **Alcachofra (*Cynara Scolymus*)**
Atrai o amor, a beleza, a limpeza e resgata a alegria. Podendo ser usada na culinária e em banhos afrodisíacos.

13. **Arruda (*Ruta graveolens*)**
Essa erva é excelente para afastar a inveja de nossos relacionamentos trazendo uma grande proteção contra possíveis rivais.

14. Beladona (*Atropa belladonna*)
Seu galho pode ser usado como talismã de proteção e amor.

15. Beterraba (*Beta vulgaris*)
Num jantar a dois, sirva beterraba para que a pessoa guarde sempre uma lembrança boa de você. Faça uma tinta mágica com o suco da beterraba, escreva o pedido amoroso em uma noite de Lua Cheia e depois coloque esse pedido em um jardim ou vaso com flores.

16. Baunilha (*Vanilla planifolia*)
Estimulante, afrodisíaco. Recomenda-se em casos de melancolia. A baunilha, adicionada ao banho, produz um efeito altamente afrodisíaco. E, usada como perfume, induz ao desejo e à paquera.

17. Boldo-do-chile (*Peumus boldus*)
Para aquela raiva e ira reprimidas, nada melhor que um banho com folhas de boldo. Um patuá na bolsa com uma folhinha dessa erva ensina a controlar as coisas de maneira mais branda.

18. Brinco-de-princesa (*Fuchsia hybrida*)
Indicada para aqueles que estão sozinhos e detestam essa situação. Ela incentiva a liberação de emoções mal resolvidas.

19. Canela (*Cinnamomum zeylanicum*)
Tônico. Estimulante da circulação e afrodisíaco. Na inalação, a canela influi contra a raiva e o ódio. O aroma da canela é conhecido por aumentar sua capacidade mental e espiritual.

20. Carapiá (*Dorstenia brasiliensis*)
Afrodisíaco. Estimula a resolução de problemas sentimentais. Também ajuda a atrair a atenção dos clientes em loja de comércio.

21. Cavalinha (*Equisetum arvense*)

Flauta para encantar a pessoa amada. É ainda símbolo de fertilidade feminina. Para mulheres que queiram engravidar, basta colocar um vaso dessa erva em seu quarto. Soprando a flauta de cavalinha num campo de flores, pode-se ter seus pedidos realizados pelas fadas que ali moram.

22. Cenoura (*Dancus carota*)

Favorece a fertilidade e a potência sexual. Também usada para evitar infidelidade.

23. Cereja (*Prunus avium*)

Para aumentar o amor da pessoa amada, sirva a ela cerejas com mel em uma noite de Lua Cheia, que ficará muito mais doce e carinhosa.

22. Chuchu (*Sechium edull*)

Para assegurar felicidade e fidelidade, nada melhor que sempre ter em sua mesa salada de chuchu, ou um pé de chuchu na sua casa.

24. Coentro (*Coriandrum sativum*)

Estimulante para o corpo inteiro. Uma poção de amor infalível é aquecer um bom vinho tinto com um punhado de sementes de coentro e dar para a pessoa amada na Lua Cheia.

Outra magia para o amor é reduzir as sementes dessa planta a pó, misturar almíscar, açafrão e incenso, e jogar na cama ou aos pés da pessoa amada. Um banho das sementes de coentro com pétalas de rosa vermelha e uma colher de café de mel torna a pessoa muito mais atraente.

25. Cravo-da-índia (*Eugenia aromatica*)

Afrodisíaco, analgésico, estimulante e tônico uterino durante o trabalho de parto. Os atenienses chamavam-no de "flor de júpiter", por estar associado a festas e a ver a vida de uma maneira mais positiva. Favorece os relacionamentos. Para aumentar o desejo sexual do homem pela mulher deve-se tomar leite temperado com cinco gramas de cravo.

26. Crisântemo (*Chrysanthemum*)

A flor do esquecimento, o uso constante dessa flor faz você esquecer uma pessoa, ou um acontecimento que a marcou, e que pode ter deixado alguma tristeza.

27. Dedaleira (*Digitalis purpurea*)

Considerada a flor das fadas. E sua presença atrai as fadas. A planta da fidelidade; basta ter essa planta em casa.

28. Erva-cidreira (*Mellissa officinalis*)

Fortalece o amor. Carregar no bolso algumas folhinhas faz você encontrar a pessoa amada. Para acalmar uma pessoa, coloque um buquê dessa erva sobre sua foto. Excelente atrativo. Atrai amizades. Favorece a abertura de caminhos.

29. Ervilha (*Pisum sativum*)

Para as solteiras que querem se casar, colocar seis grãos dentro de um saquinho rosa, em noite de Lua Cheia, oferecendo esse talismã a Vênus. Depois, colocar em sua fronha e dormir com os grãos por seis dias; após essa data, usar esse talismã até o dia do casamento, quando se deve colocar sobre o altar.

30. Gardênia (*Gardenia jasminoides*)

As flores podem ser usadas para atrair amor e novos amigos. Junto ao corpo, seduz os amantes. Se as flores forem secas e transformadas em pó, "salpique" seu corpo para atrair a pessoa amada.

31. Gengibre (*Zingiber officinale*)

No Brasil, é o principal substituto da mandrágora, erva usada para estimular sexualmente a pessoa amada ou, ainda, para conseguir ânimo de situações que exigem força de vontade.

32. Gerânio (*Pelargonium hortorum*)

Favorece o aparecimento de bebês. Evita discussões e aumenta o carinho, o amor e a paz da família.

33. Hera (*Hedera helix*)
A flor da fidelidade. Pendurar essa planta em sua casa afasta energia ruim. Colocar uma folha de hera no bolso, antes de sair para um passeio, ajuda você a encontrar seu(a) próximo(a) namorado(a). Um banho de imersão estimula a sexualidade.

34. Hibisco (*Hibiscus sabdariffa*)
Plantar um pé dessa planta perto da janela de um casal estimula a união e a aproximação entre o homem e a mulher. Sua flor aumenta a sexualidade e harmonia entre o casal.

35. Hortelã (*Mentha piperita*)
Elimina o cansaço, ativa o amor e fortalece o poder de decisão.

36. Jasmim (*Jasminum officinale*)
É uma flor que desabrocha à noite. Usada como afrodisíaco quando inalada. Usada nos tratamentos de problemas no sistema reprodutivo. Seu banho é tonificante.

37. Laranja (*Citrus sinesis*)
A casca seca é utilizada para sachê de amor. Para ficar mais atraente, tomar um banho de casca de laranja. Um chá de flor de laranjeira servido para a pessoa amada estimula a paixão.

38. Limão (*Citrus limonum*)
Algumas gotas nos rituais de amor aumentam a potencialidade e a força de ânimo.

39. Maçã (*Malus sylvestris*)
Atrai o amor e bons sonhos. Um simples ritual para fortalecer o amor é dar uma maçã para a pessoa amada; cortá-la em duas e cada um come uma parte.

40. Malva (*Malva sylvestris*)
Estimula a paixão. Desperta a sensibilidade dos homens, basta colocar embaixo dos lençóis.

41. Manjericão (*Ocimum basilicum*)

Comer uma folhinha de manjericão em jejum ajuda na limpeza e no equilíbrio dos chacras (campos de energia que estão envolta de nosso corpo) e aumenta a vitalidade e seu poder de atração. O manjericão diminui a ansiedade e é ótimo afrodisíaco.

42. Morango (*Fragaria vesca*)

Usado na culinária, em banhos e chás, desperta a sedução.

43. Patchuli (*Pogostemon cablin*)

Afrodisíaco. Fortalece o magnetismo e seu poder de atração.

44. Pêssego (*Prunus persica*)

Uma torta de pêssego ajuda a definir uma situação que está meio na dúvida.

45. Orquídea (*Orchida ceau*)

Desperta o desejo sexual, tomando um banho com o ser amado.

46. Tulipa (*Tulipa hybrida*)

Resolve as desavenças entre os casais.

47. Margarida (*Cryysanthemun paludosum*)

Para atrair uma grande paixão.

48. Rosa (*Rosa spp.*)

Símbolo do amor, da paciência e da virgindade. O seu chá é recomendável para o sistema reprodutivo. Associada ao amor e a beleza. Água de rosas atrai um novo amor. As rosas atraem as fadas e protegem sua família. Durante a lua de mel, espalhe pétalas de rosas frescas no chão do quarto, para que a magia desse momento seja eterna.

49. Verbena (*Verbena officinalis*)

Serve para fazer um filtro de amor irresistível. Se colocarmos quatro folhas dentro de vinho e aspargirmos num salão de festas, todos os convidados ficarão divertidos, pois a verbena desfaz a raiva. Algumas gotas de óleo de verbena auxiliam para satisfazer os desejos do coração.

50. Violeta (*Viola odorata*)
Harmoniza ambientes e proporciona a realização das fantasias amorosas.

Reflexão: "O importante não é morrer de amor, mas viver sempre amando".

Capítulo Quatro

Utilização Mágica dos Cristais

Conhecemos a força das plantas e suas partes, frutas, flores e ervas. A mãe natureza também nos deixou, além delas, outra riqueza maravilhosa: os cristais. Neste capítulo abordarei alguns cristais que poderão ser usados em magias de amor.

Os cristais são utilizados em talismãs, em elixires (quatro pedras de cristais para um litro de água mineral. Deixar descansar por 24 horas e tomar essa água durante o próximo dia) ou em banho e energizações.

Os cristais são poderosos instrumentos para obtenção da harmonia, pois pela sua estrutura molecular exprimem a perfeição cósmica, afetando direta ou indiretamente todos que se colocam em sua presença.

Consagração dos cristais

Toda vez que trabalharmos com cristais é muito interessante colocar neles nossa energia, e isso é chamado de consagração.

A consagração de cristais é muito simples. Basta deixá-los por 24 horas na terra, depois 24 horas na água, 48 horas (2 dias) no sol, 48 horas (2 dias) na Lua e passar no incenso. A limpeza é feita com água e sal grosso em uma vasilha, onde serão colocados os cristais e as pedras as quais deverão aí permanecer por três dias e noites, sob a luz solar e lunar. Após esse período, para limpeza, deverão ser lavados em água corrente.

Descrição mágica dos cristais para o amor

Água-marinha
Ligada à comunicação, à expressão de pensamentos puros por meio da fala, simboliza a paz, a coragem e purificação em seu sentido mais amplo. Protege o emocional. Induz a ter bons sonhos.

Ágata
Ideal para evitar decepções no amor. Ajuda a esquecer amores impossíveis.

Ametista
É uma pedra de meditação por excelência. Também é eficaz em distúrbios de polaridade sexual.

Cornalina
É habitualmente relacionada ao sangue, à carne, à sexualidade e ao mundo material. Traz bem-estar pela vida, paciência, coragem e confiança.

Diamante
Ajuda nas reconciliações e para desfazer desentendimentos.

Fluorita
Por ser a pedra da fertilidade, uma meditação diária com ela no chacra básico e/ou umbilical abre a possibilidade de uma gravidez.

Granada
Associada ao ventre materno, à força vital feminina. Aumenta o bem-estar e atrai uma aparência mais jovem.

Jade
Tem o poder de trazer a paz, de ajudar a canalizar paixão de forma construtiva, de aumentar a duração da vida e as defesas. É uma pedra de alta proteção.

Lápis-lazúli
Usada pelos egípcios, essa pedra tem o poder do rejuvenescimento e de conservar um amor verdadeiro ao seu lado.

Para o rejuvenescimento: Coloque lápis-lazúli e granada sobre os olhos e onde há marcas de expressão.

Labratorita
Ótima para acabar com a depressão e a falta de ânimo.

Kunzita
Para abrir o coração a um novo relacionamento.

Malaquita
Associada a Juno e Afrodite, é utilizada contra mau-olhado; Sexualidade e amor são favorecidos.

Pedra-da-lua
Equilibra as emoções e facilita o contato com o lado feminino de cada um.

Pedra-do-sol
Relacionada ao lado masculino. Auxilia na energia sexual.

Quartzo-rosa
Atrai o amor-próprio, estimula a autoestima e ótimas amizades.

Rodocrosita
Cristal ideal para presentear a pessoa amada, a fim de grande durabilidade amorosa. Aumenta o afeto e a aceitação.

Rubi
Considerada a "pedras do amor", colabora na desmontagem de padrões envelhecidos de pensamento; evita pesadelos.

Tem o poder de ampliar as energias, estimular a visualização e a motivação, dar alegria, eliminar raiva, depressão e angústia. Os sentimentos guardados podem aflorar, para que sejam trabalhados e transformados, e os assuntos do amor e da paixão podem ser beneficiados. Simboliza o amor verdadeiro.

Para fortalecer o amor: Presentear a pessoa amada com uma pedra de rubi.

Safira
Atrai a amizade sincera. Ajuda a tornar nossos sonhos em realidade.

Topázio
Controla desejos sexuais desenfreados e retarda o processo de envelhecimento.

Turquesa
Equilibra emoções e pensamentos, estimula o lado feminino da pessoa. Promove a fidelidade.

Ritual dos cristais

Fazer um pequeno círculo de quartzo-rosa (usar sempre número par em feitiços de amor). No meio da circunferência, colocar pétalas de rosa vermelha ou rosa; fora do círculo, colocar duas velas cor-de-rosa e borrifar a essência de sua escolha. Colocar as mãos em forma de triângulo para energizar, e pensar no ser amado. Manter as mãos sobre o coração e deixar as velas queimarem. Quando as velas terminarem, desfazer o círculo. As pedras podem ser usadas em outros rituais.

Observação: A hematita é uma pedra perigosa para o amor, pois afasta situações novas em sua vida. Se você tem um amor, ela o mantém perto de você; mas se você não tem um amor, ela afasta todas as possibilidades.

Banho de quartzo-rosa

Este banho é maravilhoso para fazer sua aura brilhar a fim de receber um amor sincero e que traga felicidade. Utilizar:

- 6 quartzos-rosas
- 2 laranjas picadas sem casca
- 1 cálice de champanhe
- 1 colher de café de mel
- 2 pedaços pequenos de canela
- 6 pétalas de rosa vermelha
- 6 rosas vermelhas

Colocar os quartzos-rosas, as laranjas, a champanhe, o mel e a canela na água para mornar. Após a água chegar à temperatura ideal para você, retirar do fogo e colocar as rosas. Use do processo de infusão (ou seja, assim que colocar as rosas, abafe com um prato ou com a tampa da panela), de dois a quatro minutos. Então, retirar as pedras e banhar-se da cabeça aos pés.

Reflexão: "A verdadeira lágrima não é aquela que cai dos olhos e rola pela face, e sim aquela que cai do coração e rola pela alma".

Capítulo Cinco

Receitas Mágicas: Rituais Especiais para um Grande Amor

Bom, você já possui ingredientes o suficiente para soltar sua imaginação e intuição para fazer suas próprias poções e encantamentos, já sabe como utilizar as fases da Lua, os dias da semana, os horários, as ervas e os cristais.

Vale lembrar que as ervas podem ser usadas em forma seca, frescas ou como de óleo essencial. Outro lembrete é que as cores vermelhas (para despertar paixão) e rosa (para atrair ou fortalecer o amor) são as duas principais cores. Elas podem ser utilizadas na escolha de roupa para preparar o ritual ou ainda em forma de vela.

Dentro da magia para o amor, também é legal prestar atenção a força numérica:

Dois – Sempre dualidade – parceria
Três – Em casos de comunicação
Seis – Para reafirmar o amor
Sete – Para amor espiritual
Nove – Para aumentar o poder sexual

Com essas dicas, tenho certeza de que você irá despertar a bruxa que está dentro de você.

A partir desse momento deixo para você várias receitas prontas, já testadas e aprovadas por mim e por várias alunas, como sugestão para diversas ocasiões. Mas, lembre-se: sempre confie em sua intuição.

Não estarei colocando nem dia, nem hora, nem lua para a realização das magias a seguir... por quê? Porque durante nossa conversa já foram sendo colocadas as tabelas. Só determinarei dia, horário e lua quando for uma exceção, ok?

1. Banho de limpeza

Sei que muitas pessoas pensarão: "para que um banho de limpeza em um livro de magia da conquista?", mas se esquecem que muitas vezes nos deixamos influenciar por energias externas que atrapalham nossas realizações. Por isso, separei este banho de limpeza para ser realizado em uma noite de Lua Minguante. Dessa maneira, teremos a certeza de que nosso caminho estará aberto e não estaremos recebendo nenhuma influência negativa externa.

- Cânfora
- Louro
- Alfazema
- Manjericão
- Pinho
- Eucalipto
- Alecrim

Esquente a água na temperatura que lhe agrade e coloque as ervas em processo de infusão.

2. Ritual para encontrar um amor

- 1 dúzia de rosas vermelhas e cor-de-rosa
- Açúcar

Pegue a dúzia de rosas. Em um caldeirão ou panela, coloque pétala por pétala fazendo um pedido da pessoa ideal. A cada pétala que tirar do botão de rosa, faça um pedido de uma característica desejada. Após despetalar todos as rosas, salpique açúcar sobre as pétalas e jogue-as no mar em uma Lua Cheia ou Crescente.

3. Ritual da carta ao Universo

Pegue um papel branco e escreva ao Universo o que deseja da pessoa amada. Após feita a carta, queime-a na chama de uma vela (se for mulher, queime na chama de uma vela azul; se for homem, na chama de uma vela rosa). A fumaça vai levar o que você escreveu ao Universo.

4. Banho para aumentar a autoestima

Para que nossos caminhos se abram para o amor, precisamos, em primeiro lugar, nos amar, aumentar nossa autoafirmação e nossa autoestima. Este banho tem esse objetivo.

- Pétalas de rosa branca
- 2 colheres de sopa de *glitter*

Esquente a água na temperatura ideal para você, e em processo de infusão coloque as flores. Tome este banho da cabeça aos pés.

5. Banho afrodisíaco – fortalecimento amoroso

- Patchuli
- Verbena
- Abacaxi picadinho

Esquente a água na temperatura ideal para você, coloque o patchuli e a verbena e, em processo de infusão, o abacaxi. Este banho deverá ser feito a dois.

6. Ritual para encontrar sua cara-metade

- 2 velas: uma azul e outra cor-de-rosa
- Óleo de hortelã, jasmim ou cravo
- Óleo de rosa, patchuli ou verbena
- Mel

Untar a vela azul com óleo de hortelã, jasmim ou cravo; já na vela rosa, use o óleo de rosa, patchuli ou verbena. Amarre com uma fita azul e uma rosa, e na base das velas coloque mel.

7. Ritual para que seu amor tome uma atitude

- Pétalas de rosas vermelhas ou cor-de-rosa
- Mel
- Papel branco
- Essência para o amor
- 2 velas: azul e cor-de-rosa.

Em uma sexta-feira de Lua Crescente, às 18 horas, pegue seis pétalas de rosa cor-de-rosa ou vermelha e coloque mel sobre elas. Escreva no papel branco o nome completo da pessoa e passe mel em todo o papel; por cima coloque duas ou quatro gotas de essências que estimulam o amor.

Leve para seu quarto e acenda uma vela rosa e outra azul dentro do mesmo recipiente da magia; deixe queimar até o final e o restante devolva à mãe natureza. Se a pessoa amada não vier falar com você, esqueça desse amor.

8. Banho para esquecer-se de alguém

- Crisântemo
- Bálsamo
- Boldo

Esquente a água na temperatura ideal para você, coloque em processo de infusão as ervas e tome esse banho durante os sete dias da Lua Minguante.

9. Banho para atração

- 1 litro de água mineral
- 6 cravos vermelhos
- 6 colheres de mel
- 6 punhados de jasmim seco
- 6 flores de gardênia
- 6 buquês de hortência

Esquente a água na temperatura ideal para você e, em processo de infusão, coloque as frutas. Tome este banho da cabeça aos pés. Este banho também estimula a vontade sexual, por isso pode ser tomado a dois.

10. Banho de sedução ou da sexualidade

- 2 maçãs sem casca picadas
- 2 peras sem casca picadas
- 4 gomos de uva
- 4 cerejas
- 4 amoras
- 4 morangos

Esquente a água na temperatura ideal para você e, em processo de infusão, coloque as flores. Tome este banho da cabeça aos pés. Este banho estimula a vontade sexual; por isso pode ser tomado a dois.

Quando feito em banheira, acrescente um cálice de champanhe rosê e salpique a banheira com pétalas de rosas.

11. Ritual para afastar ex-namorada(o)

Quantas vezes deixamos de amar ou descobrimos que aquele sentimento que achamos ter por outra pessoa não é o mesmo. Para que essa pessoa descubra um novo caminho e siga seu destino, esta magia poderá ajudar.

- 2 tiras de cartolina
- Sal Grosso
- Vela vermelha

Pontualmente às 21 horas, de uma sexta-feira, vá até um jardim e coloque duas tiras de cartolina formando uma cruz. Em uma tira, escreva seu nome completo e, na outra, escreva o nome da pessoa que está pegando no seu pé. Jogue um punhado de sal grosso sobre as tiras, e em cima do sal acenda uma vela vermelha e peça que tal pessoa largue de seu pé.

Retire-se do local sem olhar para trás.

12. Poção amorosa dos ciganos – para encontrar ou fortalecer um relacionamento

- Vinho tinto
- Funcho seco
- Manjericão seco
- Noz-moscada
- Vela rosa
- Óleo de rosa

Coloque em um caldeirão um quarto de vinho tinto, uma colher de funcho seco, uma colher de sopa de manjericão seco e três pitadas de noz-moscada. Leve essa mistura ao fogo.

Na mesma hora, acenda uma vela rosa untada com óleo rosa e, emanando sua energia para o caldeirão, diga: "Ó poderosa Santa Sara e povo cigano, pela brilhante vela, fazei com que esta noite, acendam-se as chamas do amor, no meu coração e no coração da pessoa certa para mim". Após três minutos, retire o caldeirão do fogo, coe o líquido e coloque a outra metade na terra.

Observação: Se você tem uma pessoa especial, deverá oferecer a ela a outra metade da poção. Essa magia deve ser feita em noite de Lua Crescente, de preferência na sexta-feira.

13. Banho mágico da sedução – também atua para elevar a autoestima.

- 7 litros de água da chuva
- 7 galhos de arruda
- 7 pétalas de rosas
- 7 galhos de alecrim
- 7 gotas de essência de alfazema
- 7 gotas de mel
- Saco de pano cor-de-rosa
- 7 flocos de travesseiro

No dia 7 de qualquer mês, coloque os sete litros de água da chuva, os galhos de arruda, as pétalas de rosas, o alecrim, sete gotas de alfazema e sete gotas de mel e os flocos de travesseiro dentro de um saco de pano cor-de-rosa. Guarde a água e o saco por sete dias; passando esse período, banhe-se com este banho, jogando da cabeça para baixo, e esfregue seu corpo com o saco, que agora será sua esponja mágica. O banho deve durar exatamente sete minutos; a esponja deve ser jogada em um jardim florido.

14. Magia para reatar um amor perdido

- Lenço ou toalha pequena
- Fotografia
- Vela branca
- Mel
- Água-benta

Numa sexta-feira de Lua Cheia, às 21 horas, forre o peitoral de sua janela com um lenço ou uma toalha pequena e ponha ali a fotografia do corpo inteiro do seu amor. Sobre ela, coloque um pires com uma vela branca e acenda. Depois, espalhe mel em volta da vela e despeje um pouco de água-benta até atingir a borda do pires. Após a vela queimar totalmente, guarde o lenço, a fotografia e o pires debaixo da sua cama. Quando seu amado voltar, enterre tudo isso ao pé de uma árvore saudável. Regue a árvore durante nove luas com água adoçada com mel, toda sexta-feira.

Observação: Se a vela apagar, isso é um aviso de que essa união não é boa para você. Esqueça esse amor e abra seu caminho para novas conqusitas.

15. Ritual da fogueira para o amor

Faça uma fogueira dentro de seu caldeirão (você poderá utilizar caixas de fósforo) e observe o fogo. Jogue na sua fogueira paus de canela e cravo-da-índia mentalizando o amor que deseja encontrar. Essa magia também poderá ser utilizada para fortalecimento de seu relacionamento.

16. Magia para aumentar seu magnetismo pessoal

- 3 velas: vermelha, branca e amarela
- Mel

Num domingo, acenda as três velas em um prato branco e coloque água e mel. Ofereça às Deusas do Amor e da Beleza, pedindo que limpem sua aura e reforcem seu magnetismo pessoal. O restante do ritual deve ser jogado em água corrente.

17. Magia para acabar com os conflitos conjugais

- Vela branca

No dia primeiro de cada mês, às 0h20, acenda uma vela branca para seu anjo da guarda, pedindo proteção para os assuntos conjugais. Quando a vela tiver queimado até a metade, leve-a para fora de sua casa e coloque-a num jardim ou gramado, onde deverá ficar até queimar totalmente.

18. Poção para o romance ficar mais firme

- Levante
- Hortelã
- Flores de laranjeira
- Essência de Almíscar
- Perfume da pessoa amada

Coloque em um caldeirão um punhado de levante, um punhado de hortelã, algumas flores de laranjeiras, três gotas de essência de almíscar e três gotas do perfume de sua amada(o). Junte aos ingredientes cinco litros e meio de água e deixe ferver por dez minutos. Tome banho com o preparado e reserve metade para a pessoa amada. Caso ela não aceite tomar este banho, jogue o restante em um jardim bem florido. Seque o corpo com uma toalha branca e reze uma oração na qual você tenha muita fé.

19. Magia para saber quem será seu amado

- 2 velas: rosa e azul

Pegue um pires ou um prato fundo e encha de água; segure uma vela rosa numa mão e na outra uma azul; deixe pingar no prato; essa magia dará a você alguma dica de quem será seu futuro amor. Fazer essa magia em noite de Lua Cheia.

20. Banho de aveia para aumentar a autoestima

Faça um mingau de aveia fino, acrescente em um litro de água mineral, junte um fio de mel e pétalas de seis rosas vermelhas ou cor-de-rosa. Fique imerso nessa mistura, enxágue com um banho de lavanda. Coloque uma roupa clara.

21. Esponja mágica – para quem já tem um amor

- Toalha felpuda rosa
- Quartzo-rosa
- Galhos de verbena
- Jasmim
- Rosas

Faça um saquinho de toalha felpuda cor-de-rosa e coloque dentro um quartzo-rosa, galhinhos de verbena, jasmim, rosas e uma foto da pessoa amada. Costure e tome banho com a esponja durante sete dias seguidos, começando sempre no primeiro dia da Lua Crescente. Depois, deixe debaixo de uma árvore bem bonita.

22. Banho de carinho – quando se está carente

- Punhado de camomila
- Punhado de erva-doce

- Alecrim
- Tomilho

Esquente a água na temperatura ideal para você, coloque em processo de infusão as ervas e tome este banho sempre que se estiver carente.

23. Ritual para acabar com as brigas de amor

- Vidro
- Mel

Corte uma tira de papel branco e escreva seu nome e o do ser amado por cima do seu. Coloque o papel dentro de um vidro, com os nomes virados para cima, e ponha mel até cobri-lo. Logo depois, tampe o vidro e enterre-o num vaso de comigo-ninguém-pode.

24. Banho contra cobiça de outras mulheres

- Peça íntima
- Seda branca
- Sal grosso
- Cravo-da-índia
- Alecrim
- Essência de benjoim
- Essência de alfazema

Este banho deve ser tomado a dois e precisa ser de imersão. Junte uma peça íntima de seu parceiro e uma sua. Sozinha em sua casa, arrume um pano de seda branca virgem. Coloque no meio do pano 21 cristais de sal grosso, dois cravos-da-índia, um punhado de alecrim, pingue 21 gotas de essência de benjoim, 21 gotas de essência de alfazema. Junte as pontas do pano e cozinhe junto às peças íntimas. Deixe ferver por sete minutos e retire do fogo.

Retire as roupas, esprema e ponha-as para secar. Você e seu parceiro deverão usá-las após o banho. Quando a água esfriar, tire o pano de seda com o que estiver dentro e jogue em água corrente. Na água que sobrou, coloque mais 21 gotas de essência de alfazema e guarde em um vidro fechado com rolha. Essa água deverá ser jogada na banheira.

25. Banho para criar oportunidades amorosas

- Flor de laranjeira
- Lavanda
- Gardênia
- Alecrim
- Pétalas de rosas
- Gengibre

Esquente a água na temperatura ideal para você e coloque, em processo de infusão, as ervas.

26. Poção mágica para aumento da sexualidade

- 3 pedaços de casca de laranja
- 3 pitadas de noz-moscada
- 5 folhas de limão
- 5 pétalas de rosa
- 3 folhas de hortelã
- 1 pitada de coentro
- 2 colheres de chá-preto
- 2 pitadas de tomilho
- 1 pitada de alecrim
- 2 copos de água mineral sem gás

Esquente a água na temperatura ideal para você e coloque, em processo de infusão, as ervas. A seguir, tome esta poção.

27. Perfume da sedução

- 6 gotas de essência de chocolate
- 6 gotas de essência de baunilha
- 6 gotas de essência de patchuli, ou verbena ou ilangue-i-langue
- Flores de jasmim
- Flores de dama-da-noite
- 1 copo de álcool de cereais
- 1 quartzo-rosa pequeno

Coloque todos os ingredientes em um vidro âmbar (vidro escuro) e acrescente o álcool e o quartzo-rosa. Tampe o vidro e enterre por 28 dias. Depois desse prazo, acrescente gotas desse perfume em seu perfume preferido.

28. Banho mágico para a sedução

- Pétalas de rosas cor-de-rosa
- Flores de jasmim
- Estigmas de açafrão
- 1 colher de mel
- Gotas de essência de chocolate
- Gotas de essência de baunilha

Misture em processo de infusão em água quente, podendo ser usado em forma de banho ou escalda-pés.

29. Rituais mágicos com acácia

Para que seu amor se decida, pegue dois galhos de acácia de tamanhos iguais, junte-os com uma fita vermelha ou rosa e coloque em um saco de cetim cor-de-rosa contendo folhas secas de manjericão, canela em pau e pétalas de rosa. Escreva seu nome e, por cima, o do seu amado, em um papel vermelho. Feche o saco com uma fita vermelha, sempre mentalizando seu desejo, deixe tomar o sereno da Lua Crescente ou Cheia. No dia seguinte, antes do nascer do sol, retire o saco do sereno e sacuda-o nove vezes mentalizando o pedido e a pessoa amada. Depois, enterre-o e agradeça à mãe terra pelo desejo atendido.

(Magia de origem cigana)

30. Ritual do amor-perfeito

Numa noite de Lua Cheia, deixe uma flor de amor-perfeito sobre seu travesseiro; dessa maneira a planta responderá a você em sonho a respeito de seus relacionamentos.

31. Banho Afrodisíaco

- 6 flores de amor-perfeito
- 6 ramos de alecrim
- 6 folhas de catinga-de-mulata
- 6 cravos
- 6 ramos de salsinha
- 6 gotas de seu perfume preferido
- 1 vidro de água de flor de melissa

Coloque todos os ingredientes em água morna, em infusão, e jogue da cabeça para baixo. Ponha as ervas em um campo bem florido.

32. Poção alquímica da acerola (para autoestima)

Ferva, em um litro de água, folhas novas de acerola e uma boa quantidade da fruta, espere esfriar e tome antes das refeições.

33. Incenso de Vênus (beleza e amor):

- ¼ de parte de pimenta-da-jamaica,
- ¾ de parte de orégano,

- ¼ de parte de tomilho,
- 1 parte de avenca,
- 1 parte de sândalo.

Queime para atrair beleza e amor para você e sua casa.

34. Poção mágica de melão com basílico – para restabelecer o bem-estar e o amor-próprio

- 1 melão
- 4 colheres de sopa de flores de basílico
- 4 g de açúcar
- 140 ml de iogurte
- 140 ml de água

Misture as flores com o açúcar. No processador de alimentos, prepare o melão, a água e o iogurte. Junte com a mistura de basílico e açúcar. Tome em colheradas. Ao preparar, consagre esta poção a Apolo, pedindo e agradecendo o restabelecimento do bem-estar e o seu amor-próprio.

35. Unguento do amor

- 2 gotas de ilangue-ilangue
- 2 gotas de lavanda
- 1 gota de cardamomo
- 1 gota de extrato de baunilha

Adicione os óleos na cera de abelha, com um quarto de óleo de oliva. Mexa muito bem, com uma colher de madeira, e despeje em um recipiente resistente ao calor. Depois de frio, passe-o no corpo, sempre que estiver procurando um amor.

36. Unguento de São Lucas – para encontrar o amor verdadeiro

Em uma noite de Lua Cheia, misture flores de calêndula fresca, tomilho, losna, manjerona e macere com vinho e mel. Depois, unte o corpo e reze para São Lucas para que ele indique em sonho o melhor candidato.

37. Banho para despertar o poder do prazer

Durante três noites de Lua Cheia, deixe em uma garrafa azul um litro de água tomando sereno. Após esse período, acrescente açúcar, sal, mel, colorau, calêndula, camomila, canela, essência de morango, essência de chocolate, essência de baunilha e nove tipos de flores diferentes. Ferva por nove minutos e consagre à Lua Cheia. Tome o banho da cabeça até embaixo.

38. Banho de Lua – para estimular o poder feminino, a intuição, sensibilidade e criatividade

- 2 rosas brancas
- 5 folhas de gerânio
- 8 folhas de laranjeira
- 4 colheres de capim-cidreira
- Um punhado de camomila
- Um punhado de alfazema

Faça, por infusão, em um litro de água. Uma dica: espere o chá esfriar e use-o para dar brilho aos cabelos na última água de enxágue pós-xampu.

39. Banho afrodisíaco

- 7 colheres de chá de erva-cidreira
- 7 folhas de hortelã
- 7 folhas de colônia
- 7 folhas de eucalipto
- 7 rosas vermelhas
- 7 colheres de chá de canela em pó

Coloque todos os ingredientes em três litros de água fervente. Deixe em infusão por cinco minutos. Coe, se desejar. Deixe em uma temperatura agradável para seu corpo e vá derramando lentamente da cabeça até embaixo, sempre mentalizando seu desejo.

40. Poção para autoestima

- 1 parte de anis
- 1 parte de canela
- 1 parte de verbena
- Pétalas de rosas vermelhas

Prepare uma decocção com o anis e a canela. Junte as rosas e a verbena. Tome este chá numa sexta-feira de Lua Crescente; você pode adoçar com mel. Acenda duas velas vermelhas na hora de fazer a poção.

41. Sabonete para aumento de seu poder pessoal (Sabonete da Bruxa)

- 3 partes de alecrim
- 2 partes de pinheiro
- 1 parte de canela
- 1 parte de suco de laranja

Use a receita do sabonete que está no começo da explicação (preparados de base) e misture a essa base todos os ingredientes.

Lave-se com esse sabonete antes de qualquer ritual que precise de confiança e poder pessoal.

42. Chá afrodisíaco

- 1 xícara de água
- 2 pauzinhos de canela
- Rodelas de limão
- Mel

Acenda duas velas cor-de-rosa. Coloque em uma panela a água e a canela. Leve ao fogo e deixe ferver. Desligue o fogo e abafe por cinco minutos. Peça a Afrodite o estímulo necessário. Coe e acrescente a rodela de limão. Beba depois das principais refeições.

43. Incenso de atração

- 16 partes de serragem
- 8 partes de olíbano
- 4 partes de sândalo
- 2 partes de mirra
- 4 partes de canela
- 1 parte de salitre
- 1 parte de corante azul
- 1 parte de óleo de girassol

O aroma agradável desse incenso atrai pensamentos prazerosos.

44. Ritual para um amor quente

Em uma noite de Lua Cheia ou Crescente, adicione três sementes trituradas de cardamomo dentro da garrafa de um bom vinho. Deixe-a tomar o sereno da lua por sete noites, sempre retirando antes do nascer do Sol. Após esse período, guarde a garrafa em local escuro e ofereça à pessoa amada.

45. Café para estimulação sexual

Faça seu café como de costume; porém, na hora de servir, coloque umas sementes de cardamomo. Essa sugestão também serve para biscoitos.

46. Banho afrodisíaco

- Um punhado de coentro
- Um punhado de cardamomo
- Um punhado de gerânio
- Um punhado de verbena
- Um punhado de murta

Misturar tudo em dois litros de água, jogar da cabeça até embaixo. Faça este banho de preferência em uma noite de Lua Cheia.

47. Óleo para atrair parceiros sexuais

- 2 gotas de óleo de gengibre
- 2 gotas de óleo de patchuli
- 1 gota de óleo de cardamomo
- 1 gota de óleo de sândalo

Use sempre que quiser atrair parceiros sexuais.

48. Ritual para atrair o amor

Se você deseja uma noite inesquecível com o ser amado, coloque folhas de ciclame espalhadas na cama. O ardor dessa noite ficará na história! Para quem ainda não conseguiu um grande amor, nada melhor que colocar pétalas dessa flor dentro de seu perfume preferido. Com certeza, e rapidamente, atrairá o amor que lhe faltava.

49. Amuleto da paixão

Reduza a pó sementes de açafrão, almíscar, coentro e incenso, a fim de obter um perfume de Vênus muito eficaz nas práticas das magias sexuais.

50. Bebida da paixão

- 1 pitada de alecrim
- 2 colheres de chá de chá-preto
- 1 pitada de coentro
- 3 folhas de hortelã
- 3 pedaços de casca de laranja
- 5 folhas frescas de limoeiro
- 3 pitadas de noz-moscada
- 5 pétalas de rosa
- 2 pitadas de tomilho

A bebida deve ser preparada em noite de Lua Cheia, preferencialmente numa sexta-feira. Ponha todos os ingredientes com três xícaras de água em um bule e ferva. Coe, adoce com mel e tome a bebida ainda quente.

51. Pó da paixão

Em noite de Lua Cheia, faça um filtro do amor moendo sete sementes de coentro, enquanto diz: "*Semente ardente, coração ardente e* (diga o nome da pessoa amada) *que jamais se separem!*". O pó deve ser misturado à bebida ou à comida do ser amado.

52. Poção mágica para aguçar a sexualidade

- 1 pitada de alecrim-do-campo
- 2 colheres de sopa de chá-preto
- 1 pitada de coentro

- 3 pedaços de casca de laranja
- 5 folhas frescas de limoeiro
- 3 folhas secas de menta
- 3 pitadas de noz-moscada
- 5 pétalas frescas de rosa
- 2 pitadas de tomilho

Ferva as plantas em água mineral e use no banho, ou seque-as e triture para usar como defumação.

53. Poção da paixão

- 1 colher de chá de canela em pó
- 1 colher de chá de cravo-da-índia em pó
- 1 colher de sopa de raiz de mandrágora em pó
- 1 colher de chá de pétalas de rosa
- 10 gotas de óleo de rosas

Em noite de Lua Cheia, misture todos os ingredientes na água. Salpique algumas gotas no lugar onde você vai transitar ou dormir, enquanto repete estas palavras: *"Mandrágora e cravo, coração de uma rosa, onde esta poção eu pingar, uma doce paixão crescerá!"*.

54. Poção afrodisíaca masculina

- 2 colheres de sopa de catingueira
- 2 colheres de sopa de catuaba
- 2 colheres de sopa de damiana
- 2 colheres de sopa de ginseng
- 2 colheres de sopa de marapuama
- 2 colheres de sopa de nó-de-cachorro
- 2 colheres de sopa de noz-de-cola

Faça uma infusão com todas as ervas em meio litro de água. Deixe repousar por 30 minutos e coe. Tome três xícaras de chá ao dia.

55. Brilho labial para o amor:

- 800 ml de Fortigel 7500
- 100 ml de óleo mineral
- 100 g de manteiga de cacau
- Essência alimentícia de framboesa;
- Corante alimentício vermelho

Aqueça o Fortigel 7500, o óleo, a manteiga e espere homogeneizar. Retire do fogo, acrescente a essência e o corante. Peça para Afrodite abençoar seus lábios. Passar nos lábios sempre que for ao encontro de alguém especial.

56. Amor de verão

- 2 doses de vodca com essência de pimenta
- 2 doses de licor de morango
- 2 amoras, 2 framboesas, 2 morangos ou outras frutas vermelhas de inverno à escolha
- Sementes de carambola a gosto
- 1 pimenta dedo-de-moça

Em uma noite de Lua Cheia, misture a vodca com o licor de morango. Amasse um pouco das frutas no fundo da taça e coloque as outras em pedaço. Despeje a bebida por cima. Consagre a Leto e Zeus. Beba sua taça e ofereça a outra à pessoa amada.

57. Perfume para aumentar a confiança

Junte óleo de cravo-da-índia, óleo de pimenta, óleo de pinho, óleo de arruda e chá de frésia. Misture bem e consagre aos quatro elementos este perfume. Passe no batente de todas as portas do local onde você estiver. Por fim, passe em seus pulsos, em sua nuca e cabeça, para que você aumente sua confiança.

Você sabe quais são os 12 pontos mágicos para se passar um perfume?
1. Nas pontas das orelhas
2. Atrás das orelhas
3. No pescoço
4. Nos punhos
5. Nas covas dos cotovelos
6. Nas covas dos joelhos
7. Nos peitos dos pés
8. Na virilha
9. No meio dos mamilos
10. No umbigo
11. No cóccix
12. E, por fim, uma nuvem para entrar embaixo.

58. Poção do amor dos bruxos e ciganos

- 1 colher (de sopa) de manjericão seco e triturado
- 1 colher (de sopa) de funcho seco
- 1 colher (de sopa) de verbena europeia seca
- 3 pitadas de noz-moscada rasteira
- ¼ de xícara de vinho tinto

Coloque todos os ingredientes em um caldeirão. Misture bem e leve ao fogo. Acenda uma vela cor-de-rosa que tenha sido untada com óleo de rosa e diga: "*Luz da vela, morna e brilhante, acenda as chamas do amor esta noite. Que o amor da minha alma companheira queime forte por mim. Esta é a minha vontade, que assim seja!*". Após a poção ter fervido por três minutos, retire o caldeirão do fogo e deixe esfriar. Coe o líquido com uma gaze limpa e coloque numa xícara. Adicione um pouco de mel e beba. Se você deseja o amor de determinado homem ou mulher, concentre-se sobre ele ou ela enquanto prepara a bebida. Beba metade da poção e dê a outra metade para o ser amado, a fim de que beba logo que possível. Se ele ou ela for carmicamente perfeito para você, a centelha do amor será instantaneamente acesa. Naturalmente, o restante ficará por sua conta.

Observação: As melhores épocas para preparar a Poção do amor dos bruxos e ciganos, como todas as poções e encantamentos de amor, são às sextas-feiras (regidas por Vênus), na véspera de Santa Agnes (noite de 20 de janeiro), no Dia de São Valentim (14 de fevereiro), em qualquer noite de Lua Crescente e sempre que a lua estiver nos signos regidos por Vênus, Touro ou Libra.

59. Incenso egípcio do amor

(Prepare esse incenso à luz de uma vela vermelha ou rosa numa noite de Lua Nova.)

- 15 g de benjoim
- 15 g de canela
- 15 g de galangal
- 15 g de olíbano
- 30 g de mirra
- 3 gotas de mel
- 3 gotas de óleo de lótus
- 1 gota de óleo de rosa
- 1 pitada de flor-de-lis seca e em pó

Usando as mãos nuas, misture o benjoim, a canela, a galangal, o olíbano e a mirra numa grande tigela não metálica. Adicione o mel, os óleos de lótus e de rosa e a flor-de-lis. Misture bem enquanto recita o seguinte encantamento mágico:

Pelo antigo e místico poder de Ísis,
Deusa suprema de dez mil nomes
E símbolo da maternidade divina e do amor,
Eu consagro e dedico este incenso

Como instrumento poderoso de magia do amor
Pelo fogo do Sol,
Pelo fogo da Luz,
Que este incenso seja carregado
No nome divino de Ísis,
Senhora dos mistérios
E bela deusa da magia
E do encantamento.
Abençoado seja sob os nomes de Ahio, Ariaha, Arainas e Kha. Que assim seja!

Cubra bem a tigela com uma toalha plástica e deixe-a repousar por, pelo menos, duas semanas em local escuro e tranquilo para maturar. Usando um almofariz e um pilão, moa os ingredientes até obter um pó fino e utilize-o em encantamentos de amor como "pó do amor" ou queime-o num bloco de carvão em brasa como incenso mágico para atrair amor, reunir parceiros afastados ou invocar as deidades egípcias antigas (especialmente Ísis e Hathor).

Ritual mágico: Coloque uma flor-de-lis ao lado de sua cama em uma noite de Lua Cheia. Se a flor perdurar, é sinal que vai se casar; se muchar, você deve encontrar outra(o) namorada(o).

Se você guardar uma flor-de-lis em sua roupa, conseguirá atrair a pessoa que deseja.

60. Para atrair o amor

Em uma noite de Lua Cheia, coloque em um recipiente com carvão em brasa dois punhados de sândalo, dois punhados de olíbano, um punhado de pétalas de gardênia seca, um punhado de pétalas de rosas rubras, algumas gotas de âmbar. Defumar sua casa mentalizando o amor desejado.

61. Feitiço para atrair um novo amor e não cair em cilada

- 10 g de pétalas secas de rosas de jardim
- 5 g de flores secas de mil-folhas
- 5 g de canela em pó
- 1 laranja
- 1 pequeno ímã
- 1 seixo de rio (pedra)
- 1 raiz de melão-de-são-caetano,
- 1 pedaço de erva unha-de-gato

Realize o feitiço em noite de Lua Nova, de preferência quando Vênus estiver no signo de Touro.

Corte a laranja ao meio e retire a polpa, deixando somente as cascas. Numa das cascas, coloque todos os ingredientes, repetindo o seguinte encantamento a cada ingrediente colocado:

"Há muito tempo espero um amor que me enlouqueça. Traga esse amor depressa, e que ele de mim não se esqueça!".

Após ter colocado o último ingrediente, encaixe a outra metade da laranja e amarre com uma fita vermelha ou cor-de-rosa, para que nada se perca. Coloque a laranja para tomar o sereno da Lua, retirando-a antes do nascer do sol.

Guarde o feitiço em um lugar onde ninguém veja e nem pegue. Espere o cair da noite, quando o enterrará ao pé de uma roseira.

Com certeza um novo amor surgirá antes que chegue a próxima Lua Nova.

62. Garrafada de Afrodite – para abrir os caminhos do amor, aumentar a paixão e fortalecer a autoestima.

Colocar em um litro de álcool de cereais os seguintes ingredientes:
- Pétalas de duas rosas vermelhas;
- Pétalas de duas rosas cor-de-rosa;
- 1 raiz de gengibre;
- 2 punhados de alfazema;
- 6 cravos sem bolinha;
- 2 paus de canela;
- 2 punhados de hibisco;
- 2 punhados de manjericão;
- 2 punhados de maçã seca;
- 2 punhados de noz-moscada;
- 2 punhados de jasmim

Deixe macerar por 28 dias em local escuro ou enterre. Depois, tome 30 gotas diluídas em água uma vez ao dia.

63. Para atrair o ser amado

Colha alguns gerânios vermelhos numa noite de Lua Crescente. Deixe-os tomando o sereno da lua, só recolhendo no dia seguinte, antes do nascer do Sol. Deixe-os durante um dia num lugar escuro e fresco e coloque-os outra vez no sereno da noite. Faça isso até chegar a noite de Lua Cheia. Na primeira noite de Lua Cheia, pegue os gerânios e os coloque em um pequeno saco de cetim vermelho. Acrescente uma mecha de seu cabelo, um pau de canela, dois cravos-da-índia e duas pimentas malaguetas secas. Amarre o saco com uma fita vermelha e enterre-o ao pé do gerânio, repetindo por três vezes o encantamento:

"Por Afrodite e por Eros terei um grande amor".

64. Ritual para acabar com brigas e discussões de casais que verdadeiramente se amam

- 1 goiaba vermelha grande
- 1 melão grande
- açúcar cristal
- hortelã miúda
- gergelim
- 1 vela azul
- 1 vela amarela
- 1 prato de papelão dourado
- 1 papel tendo escrito a lápis o nome de seu amado com o seu por cima

Fure a goiaba no alto, enfie o papel e cubra com o açúcar cristal. Abra o melão. Coloque dentro a goiaba, cubra com gergelim e açúcar e tampe. Coloque no centro do prato de papelão, cercado por uma rodilha de hortelã. Leve para baixo de uma árvore frondosa. Acenda as velas juntas e ofereça ao povo cigano.

65. Banho de atração

Coloque para ferver em um recipiente três litros de água por sete minutos. Retire do fogo e coloque sete folhas de laranjeira, sete folhas de manjericão, sete estrelas de anises-estrelados, sete folhas de colônia, sete gotas de óleo de amêndoas e sete folhas de girassol. Em seguida, macere até obter uma coloração esverdeada; coe o banho e jogue-o da cabeça até embaixo.

66. Banho da sedução

Coloque para ferver em um recipiente dois litros de água por oito minutos. Retire do fogo e coloque oito colheres de açúcar, oito folhas de pitanga, oito cravos-da-índia, oito sementes de girassol. Em seguida macere. Coe o banho e jogue-o da cabeça até embaixo.

67. Banho afrodisíaco

Em uma noite de Lua Cheia, faça um banho com caule de palo-santo e peça que a força da Lua aumente seu poder sexual.

68. Em relação às essências para o amor, as mais concorridas são:

- Rosa
- Patchuli
- Violeta
- Ilangue-ilangue
- Verbena
- Absinto
- Canela
- Cravo
- Jasmim

Sugestão de perfume: Para quem já tem um amor: ilangue-ilangue, patchuli, rosa e verbena (quatro gotas de cada), diluído em álcool de cereais, para borrifar no ar ou misturar em óleo de semente de uva para passar no corpo ou usar em massagem.

69. Ritual para harmonia no casamento

Num momento de calma, de preferência com a parceira(o), reúna uma maçã, cravo-da-índia e essência de hera.

Verbalize as qualidades do casal, enquanto finca os cravos na maçã. Peça a Hera proteção para uma união verdadeira, segura e de crescimento mútuo. No final, jogue a essência de Hera na maçã e guarde-a em um lugar acima da cabeça.

70. Ritual mágico

Faça uma guirlanda com galhos de hera quando estiver realizando algum feitiço de amor. Este gesto irá potencializar a realização de seu desejo. Na forma de amuleto, suas folhas secas dão incríveis resultados contra negatividade e inveja. Banho de imersão com as folhas de hera é um poderoso estimulante sexual.

71. Chá ou banho para despertar o amor incondicional

- 3 punhados de hibisco
- 3 punhados de camomila
- 3 pauzinhos de canela

A canela deve ser fervida por cinco minutos; acrescente os demais ingredientes e tampe por oito minutos. Adoce com mel.

72. Banho para despertar a sensualidade

- 1 litro de água
- 3 punhados de hibisco
- Mel

Na primeira noite de Lua Crescente prepare esta mistura por infusão. Deixe amornar e, após o banho habitual, banhe-se do pescoço para baixo. Você irá se sentir muito mais sensual.

73. Chá ou banho para fortalecer a Autoestima

(também é ótimo para gripe)
- 1 colher de sopa de pétalas de rosa
- 1 colher de sopa de hibisco
- 1 pauzinho de canela
- 1 maçã

A maçã e a canela são colocadas em uma panela com um litro de água. Quando ferverem, acrescente a rosa e o hibisco.

É muito importante fazer o "encantamento" com uma colher de pau.

Sugestão de palavras mágicas: "Eu, de bom grado, me rendo, ao poder do amor verdadeiro, Abro meus braços, Abro meu coração, Abro minha mente, Para que recebam suas bênçãos". Adoçar com o mel no final. Se for usar como banho você pode acrescentar uma colher de óleo vegetal.

74. Reconciliação com a pessoa amada

Numa noite de Lua Nova, quando Mercúrio estiver no signo de Touro, pegue um caldeirão com três copos de água pura da fonte e coloque para ferver. Quando estiver fervendo, abaixe o fogo e vá acrescentando dez gramas de folhas secas de hortelã, uma colher de sopa de canela em pó, um fio de seu próprio cabelo, cinco gramas de pétalas de rosa, cinco gramas de folhas frescas de manjericão, um pequeno coração de papel vermelho com o nome do ser amado escrito, cinco gramas de gengibre. A cada ingrediente colocado você deverá mexer com uma colher de pau, repetindo o seguinte encantamento:

> *"Como os pássaros que vão e voltam*
> *Eu te quero outra vez ao meu lado*
> *Como as águas que sempre retornam*
> *Te quero por mim apaixonado".*

Após ter colocado o último ingrediente, apague o fogo e, depois de morno, coloque em um vidro. Deixe-o tomar o sereno da Lua e só retire no dia seguinte, antes do nascer do Sol. Derrame esta poção no portão do ser amado, com certeza vocês vão fazer as pazes, se essa pessoa for de seu merecimento.

75. Garrafada de limpeza e equilíbrio emocional

Colocar em 1 litro de álcool de cereais os seguintes ingredientes:

- Folhas de eucalipto
- Três punhados de sálvia
- Três punhados de alecrim
- Três punhados de manjericão
- Três punhados de boldo
- Três folhas de hortelã

Deixe macerar por 28 dias em local escuro ou enterrar. Depois, tome 30 gotas diluídas em água uma vez ao dia.

76. Ritual para diminuir a discórdia na família

Coloque uma peça de roupa velha de cada morador de sua casa em um balde e cubra-as com água e com flores de imbiri. Em seguida, adicione sete colheres de açúcar. Para cada colher, repita o seguinte encantamento:

"Este açúcar vai adoçar os ânimos na minha casa!".

Então, lave as roupas em água corrente e coloque-as para secar ao sol. Depois, elas poderão ser usadas normalmente.

77. Ritual mágico para atrair um amor

Numa Lua Crescente, encha com flores e folhas secas desta erva um pequeno saco de cetim cor-de-rosa. Acrescente um pequeno quartzo-rosa e algumas gotas de óleo de canela. Amarre com uma fita cor-de-rosa e passe-o por nove vezes através da fumaça de um incenso de rosa ou jasmim, repetindo o seguinte encantamento:

"Doce flor dos apaixonados
Doce flor da mais louca paixão
Faz o meu verdadeiro amor enfeitiçado
Louco de amor e paixão".

Deixe o feitiço tomar o sereno da Lua e só retire no dia seguinte, antes do nascer do Sol. Use-o em forma de amuleto.

78. Banho da sensualidade

Para aumentar o magnetismo pessoal e estimular a atratividade em relação ao sexo oposto.

- 1 maçã partida em quatro (a fruta do amor)
- ½ xícara de café de flores de jasmim (protege os relacionamentos, a harmonia na união e a individualidade dos parceiros)
- 3 pedacinhos de canela (além de tudo é afrodisíaca)
- Algumas gotas de óleo essencial de ilangue-ilangue (afrodisíaco)
- Algumas folhas de gerânio
- Folhas de patchuli ou gotas do óleo essencial (afrodisíaco)

A canela e a maçã são preparadas por decocção. Ferva por seis minutos, no final inclua os demais ingredientes. Banhar-se do pescoço para baixo.

79. Perfume para atração

- 1 parte de óleo de ilangue-ilangue
- 1 parte de óleo de rosa
- 1 parte de óleo de jasmim
- 1 parte de óleo de néroli

Misture tudo em uma noite de Lua Cheia, use para atrair algo de bom para você.

80. Sachê de amor

- 2 partes de flores de laranja
- 3 partes de pétalas de rosa
- 1 parte de flores de jasmim
- 1 parte de flores de gardênia

Amarre em um tecido rosa. Coloque o sachê entre suas roupas, para infundir nelas o aroma do amor, ou use para atrair o amor.

81. Lamparina Afrodisíaca

- 5 paus de sândalo
- 2 gotas de óleo essencial de jasmim
- 2 gotas de óleo essencial de rosa
- 1 gota de óleo essencial de bergamota
- 5 gotas de óleo essencial de patchuli

Queime essa mistura no quarto como lamparina ou em *rechaud* aromático.

82. Banho do amor

- 4 gotas de óleo essencial de ilangue-ilangue
- 2 gotas de óleo essencial de sândalo
- 1 pimenta-negra
- 1 gota de óleo essencial de jasmim
- 2 colheres de mel

Misture todos os ingredientes em um litro de água e jogue da cabeça até embaixo antes de encontrar-se com a pessoa amada ou sair para paquerar.

83. Óleo de massagem para o amor

- 15 gotas de óleo essencial de sândalo
- 2 gotas de óleo essencial de jasmim
- 4 gotas de óleo essencial de ilangue-ilangue
- 4 rosas inteiras
- 50 ml de óleo vegetal

Misture todos os ingredientes e use para fazer uma gostosa massagem na pessoa amada.

84. Poção de amor – chá ou banho

(Para atrair ou intensificar seu poder de sedução)
- 2 partes de verbena ou calêndula
- 2 partes de rosas
- 2 partes de jasmim

Ferva um litro de água de fonte ou mineral. Consagre as ervas a Afrodite (ou a outra deidade ligada ao amor). Faça uma mentalização evocando o poder das águas e os espíritos das ervas. Use um recipiente de vidro ou ágata para fazer a infusão.

85. Poção de Freya – beleza

- 1 parte de jasmim
- 1 parte de manjericão ou menta
- 1 parte de verbena ou calêndula
- 1 parte de rosas

Consagre e triture todas as ervas usando seu pilão. Enquanto tritura, coloque sua intenção – fazer brotar sua Beleza Interior e que ela se manifeste no exterior. Tome este banho por três sextas-feiras.

86. Banho da fada aisling – ritual celta do amor

Aisling é a deusa-fada que propicia sorte no amor e a realização de sonhos. Deve ser feito na Lua Cheia, de preferência numa segunda-feira.

- 1 punhado de pétalas de rosas vermelhas
- 1 punhado de manjerona
- 1 punhado de jasmim
- 1 punhado de calêndula

Dentro do caldeirão de água, sobre a boca acesa do fogo, visualize uma bolha cor-de-rosa que vai crescendo até envolver você e o fogão num círculo. Acrescente os ingredientes, mexendo com a colher de pau em sentido horário e visualizando o relacionamento que deseja e o tipo de pessoa, não alguém em particular, mas as características ideais. Peça a Aisling que traga o amor em sua vida. Deixe o banho ferver por cinco minutos, tampe a panela e deixe descansar por mais cinco minutos. Solte a bolha visualize-a desaparecendo em direção ao Universo. No banheiro, espalhe pétalas no chão, acenda uma vela cor-de-rosa no seu altar e ofereça a Aisling. Ponha uma música que faça sentir-se amado(a). Tome seu banho normal e depois derrame carinhosamente o banho da fada pelo seu corpo, sentindo a energia do amor. Agradeça as bênçãos da fada.

87. Banho da sensualidade – para aumentar o magnetismo pessoal e estimular a atratividade em relação ao sexo oposto

- 1 maçã partida em quatro pedaços
- ½ xícara de café de flores de jasmim
- 3 pedacinhos de canela
- Algumas gotas de óleo essencial de ilangue-ilangue

- Algumas folhas de gerânio
- Folhas de patchuli ou algumas gotas do óleo essencial

A canela e a maçã são preparadas por decocção, ferver por seis minutos, no final incluir os demais ingredientes. Banhar-se carinhosamente.

88. Garrafa de amor das bruxas

- 1 vidro médio
- Alguns fios do seu cabelo
- Pétalas de rosa seca
- 1 fotografia sua
- Óleo de rosas
- 1 pedaço de cetim rosa
- 1 incenso de jasmim
- 1 vela rosa
- 1 punhado de canela em pau

Numa noite de Lua Cheia, quando a Lua estiver no signo de Touro, queime os fios de cabelo com a canela. Recolha as cinzas e misture-as com as pétalas de rosa, colocando esta mistura dentro do vidro, para logo depois embrulhá-lo com o cetim. Para que fique este embrulho, passe em volta uma linha rosa.

Acenda o incenso e passe o vidro embrulhado por nove vezes na fumaça, repetindo o seguinte encantamento:

"Pelo imenso poder da Lua
Terei em mim meu desejo
Pelo poder de Afrodite e Eros
Eu me mandarei bem
Pelas estrelas que guiam
Eu aumento meu amor-próprio".

Deixe que o incenso se extinga e depois coloque este vidro num lugar onde ninguém veja ou toque. Não comente com ninguém sobre a feitura deste feitiço.

89. Ritual para desilusão do amor

Se você se desiludiu com a perda de um amor e a depressão tem tomado conta de seus dias, nada melhor do que colocar flores secas de jacinto debaixo do travesseiro. Em pouco tempo você terá recuperada sua velha disposição e estará pronto(a) para vivenciar um novo relacionamento.

90. Aromatizador de ambiente para harmonia da família

- 300 ml de álcool de cereais ou base para perfume
- 100 ml de água
- 50 ml de tintura de lambari
- 10 ml de fixador
- Corante a gosto

Em uma vasilha, é só misturar todos os ingredientes e colocar diretamente no frasco de *spray*.

91. Banho atrativo de amor

Melhor Dia: sexta-feira (homem), terça-feira (mulher)

Melhor Lua: Cheia

Material necessário:
- 1 maçã cortada em sete pedaços
- 1 punhado de cravo-da-índia
- 3 colheres de mel
- 7 gotas de óleo essencial de jasmim
- 7 gotas de óleo essencial de rosas
- 7 gotas de óleo essencial de verbena

- 6 pedaços de canela em pau
- 3 anises-estrelados
- Raspas da casca de uma laranja
- O caldeirão do altar com água

Coloque o caldeirão no fogo com todos os ingredientes mencionados. Esfregue suas mãos uma na outra e, quando sentir que elas estão esquentando, coloque-as um pouco acima da borda do caldeirão. Feche os olhos e diga o seguinte encanto: "Oh, Dama Dourada, Deusa toda-poderosa, honro seu amor, oh, formoso. Conceda-me um amor apropriado, Que pelas estrelas ele me seja enviado. Deusa da Lua, um desejo arde em meu coração. Traga-me o amor na hora certa e com perfeição. Pelo poder do três vezes o 3, que assim seja e que assim se faça!". Deixe o banho ferver. Quando isto ocorrer, apague o fogo e espere a infusão esfriar. Coe-o e, após tomar um banho normal, despeje este banho mágico da cabeça aos pés, mentalizando felicidades no amor.

92. Feitiço para atrair um novo amor

Melhor Dia: sexta-feira (homem), terça-feira (mulher)
Melhor Lua: Cheia

- 10 g de pétalas secas de rosas de jardim
- 5 g de flores secas de mil-folhas
- 5 g de canela em pó
- 1 laranja
- 1 pequeno ímã
- 1 seixo de rio
- 1 raiz de melão-de-são-caetano

Corte a laranja ao meio e retire a polpa, deixando somente as cascas. Numa das cascas, coloque todos os ingredientes, repetindo o seguinte encantamento a cada ingrediente colocado:

"Há muito tempo espero, um amor que me enlouqueça, traga esse amor depressa, e que ele de mim não se esqueça!"

Após ter colocado o último ingrediente, encaixe a outra metade da laranja e amarre-as com uma fita vermelha ou cor-de-rosa, para que nada se perca. Coloque a laranja para tomar o sereno da Lua, retirando-a antes do nascer do Sol. Guarde o feitiço em um lugar onde ninguém veja e nem pegue. Espere o cair da noite, quando o enterrará ao pé de uma roseira. Com certeza um novo amor surgirá, antes que chegue a próxima Lua Nova.

93. Ritual para engravidar

- 5 ovos
- 5 flores sem espinho
- Fitinha amarela
- Perfume de alfazema
- 1 tigela branca

Passar os ovos e as flores no ventre, colocar num riacho, bica de água, cachoeira, acendendo uma vela branca e pedindo a natureza a graça de uma gravidez. Amarrar as flores com a fitinha amarela. Regar as flores e os ovos com alfazema. Fazer seu pedido a Deméter ou a Ísis.

94. Feitiço protetor dos amantes

Você vai precisar de um vidro que nunca tenha sido utilizado, água de rosas, 30 gramas de pétalas de rosas, dez gramas de lavanda, nove gotas de orvalho, duas agulhas de aço.

Realize o feitiço em noite de Lua Cheia, quando esta estiver no signo de escorpião. Coloque os ingredientes dentro do vidro, um a um, repetindo o seguinte encantamento:

"Flores da terra velem por meu amor
perfumes das flores velem por meu amor
quem ele por nada se quebre
que ele por nada se rompa
que na luta ele sempre seja vencedor
flores da terra assim o protejam
flores da terra assim o embalem
que mais longo que o tempo ele seja
que mais forte que o ferro ele seja
que ninguém o atinja e nem o veja
que nada sobre a terra o enfraqueça
por mais atacado que seja!"

Após ter colocado o último ingrediente, tampe muito bem o vidro e deixe-o tomar o sereno da Lua, retirando-o antes do nascer do Sol. Coloque-o em sua cabeceira e, a cada Lua Cheia, repita o encantamento, colocando o vidro outra vez para tomar o sereno da Lua. Com certeza o seu amor ficará bem protegido!

95. Sortilégio de amor com fumaça de ervas

Melhor Dia: sexta-feira

Melhor Lua: Cheia

Material necessário:
- Carvão
- 3 velas cor-de-rosa
- 1 incensário
- Pétalas secas de rosas
- Folhas secas de manjericão, jasmim, lavanda ou outras ervas ligadas a Vênus.

Faça um triângulo com as três velas e coloque o incensário com o carvão em brasa no meio do triângulo. Misture as pétalas de rosas com as folhas secas da erva escolhida e ponha-as para queimar no carvão. Quando a fumaça começar, visualize o rosto da pessoa amada na fumaça e diga: "Ervas mágicas, queimem, subam, tragam o meu amor para junto de mim. Que a nossa paixão jamais tenha fim".

96. Banho perfumado para o amor

- 150 g de bicarbonato de sódio
- 100 g de ácido tartárico
- 25 g de amido de banho
- 100 g de óleo de amêndoa
- 10 g de essência de alfazema
- 5 g de essência de bergamota

Misture todos os ingredientes e conserve a pasta em um vidro. Usar uma colherinha como medida para cada banho.

97. Feitiço para abrir os caminhos do amor

- 2 rosas: uma vermelha e outra branca, não totalmente abertas.

Retire os espinhos. Em pedaço de papel branco sem pauta, escreva uma descrição do homem ou da mulher ideal que você gostaria de atrair. Faça um canudinho e envolva com um fio de seu cabelo ou linha vermelha. Pegue as rosas e corte-as ao meio; junte a metade branca à metade vermelha e amarre com fita rosa, abrangendo o papel. Beije cada metade e lance em água corrente, como um rio ou fonte. Enterre as metades restantes das rosas, pedindo a Vênus para abençoar seu feitiço: "Ó Vênus, por favor, traga-me o amor de uma(um) mulher/homem, cheia(o) de ardor, amor e sensualidade".

98. Incenso para amor e harmonia

Para fazer um incenso artesanal você precisa:
- 50 g de resina de copaíba
- 100 ml de álcool
- 1 colher de chá de óleo de linhaça
- Uma peneira de malha extrafina
- Corante vegetal
- 8 colheres de sopa de pó de serra
- 150 g de nitrato de potássio
- 10 ml de essência de lilás-da-índia
- 50 g de amido de milho
- 1 colher de sopa de carvão vegetal
- 1 colher de nitrato de sódio
- varas para incenso de 25 cm de comprimento.

Coloque em um recipiente a resina misturada com o álcool durante 24 horas, depois coe para remover os resíduos. Acrescente o óleo de linhaça, o corante, a essência e deixe repousar. Coloque as varetas em uma solução de um litro de água com nitrato de potássio por 24 horas. Passado esse tempo, retirem e deixe secar. Posteriormente, faça uma mistura com o amido de milho, o carvão vegetal, o nitrato de sódio e oito colheres de sopa de serragem. Finalmente, as hastes são mergulhadas na primeira solução (álcool, resina, óleo de linhaça, corante e essência) e depois são introduzidas na segunda solução (de amido de milho, serragem e carvão vegetal e nitrato de sódio) até que estejam compactas. Você pode repetir esta operação para conseguir um incenso mais espesso e duradouro. Por último, deixe secar; quando tiver totalmente seco, já pode acender e desfrutar de seu incenso.

99. Filtro do amor

Misture punhados de pétalas de rosa vermelha, hibisco, verbena, jasmim, limonete e canela em pau. Coloque em uma cesta de palha diante de uma vela. Encante as ervas com as mãos em concha em volta da cesta, dizendo: "Eu consagro estas ervas e peço que o meu poder de sedução aumente". Repita três vezes. Agradeça ao fogo, ao ar, à terra e à água. Não pense em ninguém em especial, só mentalize que o poder de seduzir está dentro de você. Coloque as ervas em um pote de vidro com água quente. Tampe, espere 20 minutos e coe. Tome banho como de costume e, ao final, jogue essa água sobre o corpo.

100. Ritual para atrair um amor

- 1 maçã verde
- 1 punhado de erva-doce
- 8 castanhas-do-pará
- 1 rosa vermelha
- 1 pedaço de papel

Corte a maçã pela metade no sentido horizontal e cave o centro da metade inferior com uma colher. Coloque dentro da cavidade o papel em que escreveu a lápis o seu pedido do amor. Arrume ao lado as castanhas descascadas. Cubra tudo com erva-doce e as pétalas de rosa. Coloque por cima a outra metade que não foi cavada e enterre a fruta em um lugar bonito.

101. Feitiço de amor

- 1 maçã
- mel
- sal
- 1 pano branco
- papel e caneta

Corte a maçã na horizontal de forma que fique uma tampinha. Retire tudo de dentro da maçã, como se ficasse um caldeirão. Escreva seu pedido e coloque dentro da maçã. Cubra com mel e coloque uma pitada de sal. Feche a maçã. Envolva a maçã com o pano branco e dê um nó e mais três em cada ponta do lenço; vai sobrar uma ponta sem nó, mas é assim mesmo. Deixe dois dias na sua casa e depois jogue em água corrente.

Reflexão: "Dê ao ser limitado um amor sem limites".

Capítulo Seis

O Poder das Mulheres: Autovalorização e Cuidados Pessoais

A Magia Feminina ao longo da História...
Normalmente, quando falamos de magia, a imagem da mulher já vem à nossa mente, pois durante muito tempo a mulher foi vista como um ser divino, um ser que gera, cria, ama, chora, ri e luta... luta para conseguir fazer a Mãe Natureza sobreviver... luta para conseguir um espaço no mercado de trabalho, luta para conseguir conciliar trabalho, filhos e marido... Ser mãe e amante... Ser bruxa é isto: conseguir trazer a harmonia em meio a essa vida totalmente movimentada da mulher moderna.

Com todo esse movimento, a mulher consegue desenvolver a magia de perceber as estações climáticas do ano, as fases da Lua, o movimento das marés e perceber que tudo está relacionado aos ciclos da vida humana, desde o momento da concepção (*fase de semear a terra*) até a formação de um indivíduo adulto e, posteriormente, sua morte.

Por intermédio dessa sensibilidade a Mãe Natureza é feminina e está dentro de cada mulher; ela guia, orienta e ensina. E dessa maneira a magia sobrevive ao longo da história.

Por exemplo, quem nunca tomou chá de camomila para se acalmar ou fez alguma simpatia que a avó ensinou? Ou escolheu a melhor fase da Lua para cortar o cabelo? A sabedoria popular, que é passada de geração a geração, é assim: conhecimentos femininos que, por muito tempo, nortearam civilizações.

Durante séculos, no período matriarcal, a mulher foi endeusada, enaltecida e admirada, em virtude de ser sagrado o fato de gerar, reproduzir outro ser. Com isso se tornou o pilar de sustentação da casa e a bússola da família. Nessa época, o mundo vivia em pleno equilíbrio, todos eram respeitados e tinham valores independentes. Os homens proviam o sustento, a mulher administrava a instituição do lar. Porém, com o crescimento dos Impérios masculinos, pouco a pouco a mulher foi rebaixada. Foram décadas de humilhação e perseguição.

No entanto, após muitos anos de sofrimento, as mulheres que têm na alma a essência da vida, lutaram para buscar seu real espaço. Na história da humanidade, em diversas civilizações, temos vários exemplos de mulheres que impuseram seus ideais pelo que acreditavam indo contra o sistema que as regiam, enfrentaram tudo e todos para marca a sua existência, como por exemplo, Cleópatra, Maria de Nazaré, Joana d'Arc, Anita Garibaldi, Princesa Isabel, e nos tempos atuais, Margareth Tatcher, Princesa Diana e tantas outras que receberam a responsabilidade de ser embaixadoras da paz, cujo único compromisso é dedicar-se a um mundo melhor.

Essas mulheres conseguiram o equilíbrio de sua alma... e são nossos exemplos para que a mulher de hoje conquiste seu espaço, porém, alimente seu lado de docilidade, criatividade e intuição. Em tempos de globalização, novas tecnologias, aquecimento global, desmatamento, onde o ser humano está acabando com o equilíbrio natural da terra, surge a preocupação mundial se ainda é possível ter um planeta melhor, com qualidade de vida. As mulheres têm em sua intimidade a solução para este caos. O resgate à Mãe Natureza é o caminho para a sobrevivência da raça humana, e só depende de nós mudarmos este quadro.

Coquetel da Conquista

- 15 folhas de hortelã
- 2 limões sem casca
- 1 copo de água
- Mel para adoçar

Bata tudo no liquidificador e tome imediatamente.

Benefícios: ajuda a manter a elasticidade dos tecidos e atua na prevenção de infecções da garganta e boca.

Máscara de Marte

Misture duas cenouras sem casca com uma clara de ovo batida e mel. Aplique sobre a pele seca (esta máscara atua para aumentar a autoestima e também nossa força interna – pode ser usada por todo tipo de pele).

Para ajudar na circulação de suas pernas

Utilize de morangos esmagados; além de tonificar os músculos de suas pernas, estimularão a circulação. Para o rosto, o creme de morangos esmagados é ótimo para redução de oleosidade da pele.

Lógico... Lembrando-se que o morango é um excelente afrodisíaco.

Para seus cabelos

Use no enxágue chá de duas colheres de sopa de alecrim com duas colheres de sopa de sálvia em meio litro de água. O alecrim e a sálvia, além de proteger seus cabelos da poluição, deixarão mais brilhantes e também aumentarão seu magnetismo pessoal.

Para os olhos

Para ver melhor as oportunidades amorosas, faça uma compressa em seus olhos com um chá de hamamélis, camomila e calêndula. Use uma colher de sopa de cada erva para uma xícara de chá de água.

Para sua boca

Utilize para ficar com a boca mais atraente: um morango esmagado e friccionado em cada dente.

Você também poderá fazer um gostoso bochecho com um quarto de colher de folhas de alecrim, anis e hortelã em meio litro de água. Essa combinação ajuda com que seu sorriso venha do coração.

Seguem abaixo algumas dicas para manter longe de nós o famoso estresse. Se você seguir pelo menos dez, garanto que sua aura será muito mais iluminada e seus caminhos estarão muito mais abertos.

1. Sorria – das coisas boas e também das ruins, pois o Universo coloca em nosso caminho alguns obstáculos apenas para nosso crescimento.
2. Faça automassagem – conheça seu corpo e, desta maneira, irá descobrir maravilhas.
3. Não seja passivo – lute sempre por tudo que queira, não espere as coisas caírem do céu.

4. Entre em contato com a Natureza – ande de pés no chão; abrace uma árvore; vá caminhar no parque.
5. Escolha o seu mantra – eleja palavras que façam bem à sua alma, como por exemplo: "Eu sou feliz!"; "Hoje meu dia será maravilhoso!"; "Eu sou luz!".
6. Sinta os aromas – respire e deixe entrarem em seus pulmões o ar e os aromas à sua volta.
7. Conte até dez – nunca tome nenhuma decisão com a cabeça quente, conte pelo menos até 10.
8. Faça as contas – gastar é muito bom, mas, antes de entrar em dívidas, faça muito bem suas contas.
9. Distraia-se – faça cursos, assista a palestras, vá ao teatro e ao cinema.
10. Esquente-se – fique às vezes um pouco mais na cama, enrole-se nos cobertores, assista à TV comendo pipoca.
11. Mexa o corpo – saia para dançar; chame os amigos; faça uma festa sem motivo.
12. Reze ou medite.
13. Marque data para se preocupar – sugestão: 30 de fevereiro
14. Faça amor.
15. Mergulhe em uma banheira – prepare um banho muito especial para você.
16. Simplesmente diga não às coisas que você não deseja para sua vida.
17. Ligue para um amigo.
18. Alongue-se.
19. Ouça música.

20. Visualize a tranquilidade.
21. Tenha um *hobby*.

Reflexão: "A vida é uma peça de teatro que não permite ensaios. Por isso, cante, chore, dance, ria e viva intensamente, antes que a cortina se feche e a peça termine sem aplausos".
– Charles Chaplin

Capítulo Sete

Gastronomia da Bruxa: O Poder Encantado em Nossa Cozinha

Sabe, sou apaixonada pela cozinha, pois sei que dela pulsa toda a energia de nosso lar.

Nossa cozinha é nosso laboratório alquímico e, dentro dela, podemos movimentar várias formas de energia.

Nesse ritual mágico gastronômico, precisamos nos lembrar sempre que nunca devemos fazer nada de mal humor ou com muito cansaço, pois dentro da preparação mágica dos alimentos, nossa energia é o ingrediente-chave para o sucesso final.

Lembram-se do filme *Como Água para o Chocolate*? quando a personagem estava triste e fazia um prato, todos que comiam ficavam tristes; quando ela ficou zangada, todos passaram mal? Esse filme mostra muito bem como nossas receitas agem nas pessoas e para as pessoas.

Como nosso assunto aqui é amor, separei do meu *Livro das Sombras* algumas receitinhas que utilizo nessa área. Bom apetite!!!

Antes de entrar nas receitas, deixo aqui uma relação de temperos afrodisíacos que podem ser utilizados em suas próprias criações.

Temperos afrodisíacos

- Alecrim
- Gengibre
- Broto de bambu
- Mel
- Grão-de-bico
- Coentro
- Canela
- Cravo
- Pimenta
- Páprica

Poção de Ísis

(Para Eterna Fidelidade)
- Objetos metálicos de ambos
- Folhas de rabanete
- Cebola
- Tomate
- Cenoura
- Batata
- 2 dentes de alho
- Ovos cozidos
- Mandioquinha
- Grãos de pimenta
- Folhas de hortelã
- Orégano
- Vinagre
- Sal

Esta poção deve ser tomada por ambos. Ao fazer a receita, mentalize o objetivo desejado (não traições). Seu parceiro não pode vê-la preparando a poção.

Pegue um objeto metálico pequeno de seu parceiro – pode ser até uma moeda de sua carteira. Junte esse objeto com um objeto seu. Ponha para ferver por 12 minutos, jogue a água em um lugar com terra e guarde os objetos.

Em uma panela, coloque para ferver folhas de rabanete, cebola, tomate, cenouras, batatas, dois dentes de alho, dois ovos cozidos e duas mandioquinhas-salsa pequenas. Despeje mais ou menos um litro de água e acrescente dois grãos de pimenta-do-reino branca, 12 folhas de hortelã, duas pitadas de orégano, duas gotas de vinagre e sal a gosto. Ponha tudo para cozinhar e, no momento que começar a ferver, jogue os objetos. Deixe cozinhar.

Tire os objetos e faça um amuleto. Esmague a parte sólida da sopa. Sirva com um bom vinho e pão salpicado com orégano.

Batata para Afrodite e Ares

- 800 g de batatas descascadas e picadas em quadrados médios
- Óleo para fritura
- 1 maçã verde grande descascada e ralada
- 1 cebola grande picadinha
- Casca de 1 limão
- 1 colher de chá de *curry*
- 1 colher de chá de cardamomo
- 1 colher de chá de pimenta-calabresa
- 1 colher de sopa de óleo
- 1 copo de creme de leite fresco
- Sal a gosto

Frite as batatas e ponha para escorrer em papel absorvente. À parte, doure a cebola no óleo. Junte a maçã. Deixe cozinhar um pouco e acrescente o creme de leite, a casca de limão, o *curry*, o cardamomo, a pimenta-calabresa e o creme de leite. Bata essa mistura no liquidificador, volte à panela e torne a ferver. Ponha sal e sirva sobre as batatas.

Abacaxi indiano (efeito afrodisíaco)

- 1 abacaxi
- 500 ml de vinho branco doce
- 50 g de adoçante em pó para forno
- Raspas de 1 limão
- 2 cravos-da-índia
- Uma pitada de canela
- Uma pitada de noz-moscada
- 8 grãos de pimenta
- 4 grãos de cardamomo
- 5 gotas de essência de baunilha
- Pêssegos em calda
- Castanhas picadas

Descasque o abacaxi e corte-o em rodelas. Leve ao fogo uma panela com o vinho, o adoçante, as raspas de limão e as especiarias. Deixe ferver e junte as rodelas de abacaxi por 20 minutos em fogo brando. Após esse tempo, escorra a fruta e deixe o molho ferver em fogo forte por mais dez minutos. Em seguida, filtre-o, espere que esfrie e leve-o à geladeira com os pêssegos e o abacaxi. No momento de servir, coloque as rodelas de abacaxi e os pêssegos em travessas, regue-os com o molho e decore com as castanhas picadas.

Viradão das bruxas

(Para conquista de um amor e mais sexualidade em sua vida)
- ½ xícara de óleo
- 1 cebola picadinha
- 250 g de carne moída
- 7 tomates pequenos maduros picadinhos
- 1 lata de ervilha
- salsa picadinha
- 1 colher de sopa de alho amassado
- 1 colher de café de pimenta-do-reino a gosto
- 1 pimentão vermelho picado
- 7 azeitonas verdes picadas
- 1 lata de milho verde
- 1 ovo batido)
- 1 xícara de farinha de milho amarela
- 1 xícara de leite
- 200 g de muçarela fatiada

Acompanhamento: arroz branco e salada de tomate.

Misture todos os ingredientes, deixando por último a farinha de milho e a muçarela. Quando os demais ingredientes estiverem todos cozidos, misture a farinha fazendo com que aja a união de todos os ingredientes. Retire do fogo, cubra com a muçarela e leve ao forno pré-aquecido por dez minutos aproximadamente.

Acenda duas velas rosas e um incenso de flor de pitanga e peça a Vênus que traga a esse prato todo amor, sexualidade e desejo para sua vida.

Salada para esquecer uma decepção amorosa

- 2 batatas cortadas em cubos pequenos e cozidas
- 2 corações de alcachofra cozidos e picados
- 1 xícara de chá de pétalas de crisântemos
- 1 maçã em cubos

- 1 cebola ralada
- 15 ml de vinagre
- 20 ml de azeite
- Pimenta
- Sal

Misture todos os ingredientes e consagre a salada à Deusa Mnemósina, para que qualquer lembrança ruim seja apagada da sua memória.

Ponche do Encanto Lunar

(Para abrir os caminhos no amor)
- 2 cálices de groselha
- 2 maçãs picadas
- 1 abacaxi picado
- Vinho tinto
- 2 folhas de hortelã
- Adoçar com leite condensado

Bater no liquidificador e servir para a pessoa amada primeiro, depois para você.

Calda mágica para saladas de frutas

(Sensualidade)
- 7 colheres de sobremesa de chocolate meio amargo
- ½ xícara de chá de leite condensado
- 3 colheres de sopa de açúcar
- ½ colher de chá de baunilha

Misturar tudo e colocar sobre a salada de fruta.

Sugestão da salada: laranja (Sol); maçã (Vênus); cereja (Júpiter); abacaxi (Júpiter); banana (Sol); pera (Vênus).

Experimente colocar sobre a calda pétalas de rosas!!!

Óleo para provocar o amor

Preencha a metade de uma garrafa de vinagre ou de vinho branco com duas partes de folhas de capim-limão e uma parte de folhas de tomilho silvestre. Use uma panela para aquecer em fogo brando um pouco de óleo de nozes e, em seguida, despeje-o no interior da garrafa até enchê-la inteiramente. Vede-a com uma tampa ou rolha, depois guarde essa garrafa por seis meses. Não Coe. Este óleo mágico de culinária é para ser usado nos molhos de saladas para inspirar amor e provocar sono sem sonhos.

Aloo mater paneer

(Prato típico da magia indiana; afrodisíaco)
- 2 xícaras (chá) de muçarela picada em cubos
- Óleo
- 1 cebola picada
- 2 dentes de alho
- 1 lata de ervilha
- 1 lata de molho de tomate
- 2 batatas cozidas cortadas em cubos
- Sal
- 1 tomate picado
- 2 colheres de sopa de cheiro-verde picado
- 1 colher de sopa de açafrão
- 1 folha de louro
- 1 colher de café de canela em pó
- 2 folhas de hortelã
- 2 folhas de manjericão

Acenda duas velas cor-de-rosa e um incenso de canela. Peça a Marte a força da conquista e do despertar sexual.

Cozinhe as batatas e frite-as. Reserve. Em uma panela refogue os demais ingredientes e, por último, acrescente a batata. À parte, frite o queijo e coloque-o quente por cima do prato. Sirva quente. Pode acompanhar um arroz branco, salada verde e um bom vinho.

Coquetel das bruxas

(Despertar a feminilidade)
- 1 dose de suco de maçã
- 1 dose de suco de uva
- 1 dose de suco de limão
- 3 folhas de hortelã

Decoração:
- 1 canudo
- 1 cereja
- 1 folha de hortelã
- 7 pétalas de rosa

Acenda um incenso de morango e agradeça às Deusas da Beleza a feminilidade despertada.

Misturar os sucos e bater com a hortelã. Decorar com a sugestão. Servir com gelo.

Peras no açafrão e mel

(Para amor, paixão e afrodisíaco)
- 4 peras descascadas
- 10 estigmas de açafrão
- 4 colheres de sopa de mel
- 4 colheres de sopa de açúcar
- 1 tira fina de casca de laranja
- Suco de meio limão
- 1 tira fina de casca de limão

Coloque as peras numa panela e cubra com água. Adicione o açafrão, o mel, o açúcar, as cascas de laranjas e limão e o suco. Deixe levantar fervura e abaixe o fogo. Cozinhe as peras por aproximadamente 25 minutos ou até que estejam ligeiramente firmes no centro quando espetadas com uma faca. Apague o fogo e deixe esfriar no xarope de açafrão. Retire as peras do xarope e leve-as a geladeira. Ferva o xarope até engrossar. Deixe esfriar. Coloque cada pera no centro de um prato e cubra com o xarope.

Torta de circe

(Para aquecer certas situações)
- 1 xícara e ¼ de chá de farinha de trigo
- ¼ xícara de chá de amido de milho
- 2 colheres de sopa de açúcar de confeiteiro
- ½ xícara de chá de cubinhos de manteiga
- 2 gemas
- 1 colher de chá de baunilha
- 1 galho de hortelã para decorar

Recheio:
- 1 xícara de chá de *cream cheese* amolecido
- 2 xícaras de chá de morangos, framboesas e amoras
- 4 colheres de sopa de geleia de framboesa

Acenda duas velas cor-de-rosa e espalhe pétalas de rosa sobre a mesa. Acenda um incenso de rosas. Coloque uma música que você goste e inicie seu trabalho.

Peneire a farinha, o amido e o açúcar em uma tigela. Junte a manteiga e friccione a massa com as pontas dos dedos até ela ficar como aspecto de pão esfarelado. Em uma xícara, bata as gemas e a essência de baunilha. Junte tudo. Adicione um pouco de água gelada.

Abra a massa em um círculo e forre o fundo de uma forma rasa. Fure o fundo com um garfo. Deixe gelar durante 30 minutos. Asse a massa por dois minutos em forno quente.

Misture todos os ingredientes do recheio. Espalhe-o por cima da massa assada, coloque as frutas cobertas com a geleia. Decore a torta com um galho de hortelã. Sirva imediatamente.

Salada de tomate, queijo e flores

(Para aumentar a autoestima e o amor entre pessoas)
- 4 tomates
- 200 g de queijo muçarela
- 1 punhado de flores de amor-perfeito
- Sal a gosto
- 5 g de mostarda
- Pimenta-do-reino a gosto
- Cebolinha picada a gosto
- 20 ml de vinagre de vinho branco
- 30 ml de azeite

Misturar muito bem o azeite, o vinagre, o sal, a pimenta-do-reino e a mostarda. Em uma travessa, espalhe os tomates, a muçarela e a cebolinha. Tempere com o molho, e em cima de tudo coloque as flores.

Flan de baunilha

(Para efeitos afrodisíacos)
- 7 ovos
- 10 colheres de sopa de açúcar
- 1 pitada de sal
- 1 pitada de noz-moscada
- 1 colher de café de essência de baunilha
- 750 ml de leite

- 4 colheres de sopa de marmelada
- 1 colher de sopa de água
- *Chantilly* e raspas de chocolate a gosto

Bata os ovos e junte o açúcar, o sal, a noz-moscada, a essência de baunilha e o leite. Misture tudo muito bem, despeje numa forma de pudim e leve para assar em banho-maria, durante uma hora e 15 minutos. Nesse meio tempo, dissolva a marmelada numa colher de sopa de água e leve ao fogo brando. Após o cozimento do pudim, deixe-o esfriar e desenforme-o. Cubra toda a superfície com a marmelada e decore com o *chantilly* e as raspas de chocolate a gosto.

Reflexão: "Culinária é a arte de transformação e a mais pura alquimia".

Capítulo Oito

Talismãs e Amuletos para o Amor

Você já pensou como surgiram as simpatias? Qual o mistério que roda tantas e tantas revistas, programas de TV, conversas pessoais? Todas as pessoas sabem pelo menos uma simpatia sobre alguma coisa para ter ensinar... Você já percebeu?

Interessante, não é? A simpatia surgiu aproximadamente na Idade Média com objetivo de esconder os rituais e feitiços usados dentro da Bruxaria. As bruxas sempre trabalharam com ritos de sintonia com os ritmos naturais das fases da Lua, das mudanças de estação e dos elementos da natureza.

Antes de continuar, vamos explicar a palavra bruxa, *BRUXA* é um termo que vem do grego antigos *brouchos*, que significa desabrochar. A ideia pejorativa sobre bruxas e Bruxaria surgiu na Idade das Trevas. Quando o clero estava lentamente crescendo em força, a Bruxaria se mostrou como uma rival, não só a filosofia, mas também a ciência, qualquer pessoa que questionasse os métodos ou os modos como as ações eram executadas; por isso, precisavam de um arquétipo para passar medos às pessoas, e nossas ancestrais bruxas foram as escolhidas.

Arquétipo criado: toda bruxa tem um nariz enorme, com uma corcunda monstruosa, uma roupa preta com sapatos de fivela totalmente fora de moda; e esse marketing durou até 1951 na antiga União Soviética, onde até essa data podia-se queimar uma pessoa sob a acusação de bruxaria. Por isso, ainda hoje, temos muitos preconceitos a respeito dessa palavra.

Mas, voltando às simpatias, que são o tema deste capítulo, com tantas perseguições e maustratos, precisavam arrumar um meio de todo o conhecimento perpetuar... A magia dentro da Bruxaria sempre foi uma magia simpatia (*simpática* significa coisa semelhante, que tem afinidade, a tendência natural para uma coisa), ou seja, as bruxas observaram a Natureza e, através dessa observação, criavam rituais que pudessem atrair seus desejos.

Nos dias atuais, vemos isso na dança da chuva, praticada ainda por muitas tribos. Com o passar do tempo, a magia simpática foi sendo reduzida até chegar atualidade como simplesmente simpatia. Hoje em dia, a coisa mais comum é as pessoas passarem esses ritos e rituais sagrados de muitos e muitos anos com apenas o conceito de simpatia.

Conhecendo agora sua origem, sua história, passamos ao próximo passo para que você mergulhe nos encantamentos mágicos e divinos do mundo das simpatias, magias, ritos, talismãs, patuás e rituais, seja muito bem-vindo (o)!

Para a prática de uma simpatia, precisamos observar os elementos naturais da Natureza, como a mãe natureza é formada, como ela trabalha. Por meio de pesquisas e observações, podemos perceber que a natureza é composta de quatro elementos básicos, teoria essa desenvolvida pela cultura greco-romana. Temos na Natureza a água, o fogo, o ar e a terra, cada um cuidando de uma área, cuidando de um assunto em seus caminhos, no seu cotidiano.

Os elementos são parte da Mãe Natureza, e cada um deles traz o equilíbrio de nossos atos e de nosso dia a dia. Esse contato deve ser feito sempre como muito carinho, respeito, disciplina e prudência.

Nas simpatias, lembre-se: respeite, concentre-se, para que possa ocorrer a transmutação de seus pedidos. Você deve fazer pedidos específicos quando realmente sentir necessidade. Trabalhando dentro da Natureza para aquilo que é positivo, sempre receberemos em troca amor, saúde e felicidade. Lembre-se também de agradecer, mesmo antes de receber!

Patuá para abrir os caminhos no amor

Pegue um pedaço de fita de cetim de mais ou menos cinco centímetros. Coloque sementes de papoula, um cristal de quartzo-rosa e duas pétalas de rosa seca. Costure a fita formando um patuá – como se fosse um travesseirinho – e carregue sempre com você.

Feitiço de amor de Eros:

Você vai precisar de 30 gramas de pétalas secas de rosas vermelhas; nove caroços de cereja; dez gramas de folhas secas de patchuli, um pedaço de cetim vermelho e nove paus de canela. Numa noite de Lua Cheia, quando houver no céu a conjunção de Marte e Vênus – consulte alguma fonte de Astronomia –, faça um pequeno coração de cetim, como se fosse uma almofadinha, e coloque dentro dele todos os ingredientes, um a um, enquanto repete:

"Folhas tecem meus sonhos, cerejas transbordam em mel, Lua Cheia encoberta te chama e escreve teu nome no céu!"

Após ter preenchido completamente o coração, costure-o na extremidade para que o recheio não se perca. Deixe-o no sereno da noite e retire antes do nascer do sol. Guarde esse patuá com você até que apareça a pessoa certa em seu caminho. Depois deixo-o num jardim florido.

Talismãs e símbolos antigos

Cruz Ansata. Diz-se que a Deusa Ísis utilizou-se da Cruz Ansata para devolver a vida a seu marido Osíris. A Cruz Ansata foi capaz de evitar a inveja do irmão Set. Por isso, é usada como proteção e também para evitar ciúmes entre os parceiros.

Talismãs rúnicos

Para alcançar a realização de todo tipo de desejo. Mentalize seus desejos em cada círculo e semicírculo traçados. Aliviam tensões e trazem equilíbrio emocional.

Talismã do Amor

Pode ser usado em ritual com uma vela de sete dias rosa, ungida com óleo de rosa. Coloque uma vela rosa para queimar no centro do círculo, mentalizando a atração do amor. Lembre-se que não podemos interferir no livre-arbítrio de outras pessoas para alcançarmos nossos desejos.

Meditação do amor

Abaixo, segue uma meditação que recebi via internet de alguma de minhas alunas. Infelizmente, só guardei a meditação, mas não o nome de sua autora. Desde que recebi essa mensagem procuro fazer pelo menos uma vez ao mês, e os resultados são maravilhosos!!!!

Meditação do amor – limpando o coração

Procure um lugar tranquilo. Se você gostar, coloque seu incenso preferido e uma música suave baixinho. Comece respirando normalmente por mais ou menos cinco minutos e depois faça respiração em sete vezes. Recordando: inspire contando até 7, segure a respiração contando até 7 e expire contando até 7.

A cada respiração, solte o corpo mais e mais. Sinta-o pesado e relaxado. Agora, comece a mentalizar seus pés e, devagar, suba a sua atenção pelo corpo todo até chegar à cabeça, observando pontos de tensão e colocando uma luz verde que você mentaliza, vindo do espaço, nos pontos tensos e doloridos. Sinta-os se desfazerem.

Relaxe, respire e mentalize uma luz violeta que entra por seus pés, sobe pelo corpo, chega até a cabeça e volta ao seu coração. Quando a luz violeta passar por sua cabeça, deixe-a levar consigo todas as suas preocupações, e ao chegar ao coração, ela leva também suas mágoas, dores e aborrecimentos... Sinta como tudo se dissolve em uma fumaça que sai pelas extremidades de suas mãos e pés e vai para o espaço, onde é purificada e volta em luz para você. Você respira o raio violeta e se sente pleno com ele.

Do seu coração, você manda o raio violeta para o planeta Terra (mentalize primeiro), que o envolve como um grande aspirador, tirando todas as energias estagnadas, limpando e jogando para o espaço novamente as energias que escurecem a Terra. As nuvens negras começam a se dissipar e você já observa uma diferença na Terra. Toda essa energia que saiu da Terra vai para o espaço, onde é purificada, e volta à Terra em doses de amor, compaixão e paz. Envolva a Terra com uma luz brilhante de sua escolha ou nas cores: azul, dourado, rosa, branco, verde, vermelho rubi e violeta.

Observe a Terra: suas matas, rios, lagos, mares, montanhas, cachoeiras, o que você quiser... Perceba como ela está mais clara, mais bonita. Veja a grandiosidade deste planeta, reverencie-o. É assim que desejamos o nosso planeta.

A Terra, agradecida, manda de volta um raio de amor para você, que o recebe no coração e o deixa mais tranquilo e confortado. Você deixa as imagens irem se desfazendo e volta a seu espaço, soltando as mãos, os pés, espreguiçando-se e sabendo que cumpriu com amor a sua missão.

Nós todos da Terra agradecemos. Seja sempre feliz.

Faça sempre que puder esta meditação e observe os efeitos que ela fará em você.

Capítulo Nove

O Jogo de Sedução dos Signos

Para conquistar alguém de:
- **Áries:** seja apaixonado pela vida, tenha coragem para enfrentar tudo. Seja autossuficiente.
- **Touro:** você deve ser aquele(a) que tem um bom senso maravilhoso, ostente seu amor pela casa e pela tranquilidade.
- **Gêmeos:** você deve estar sempre alegre, espirituoso. Tenha sempre muitos amigos e leve a vida descontraidamente.
- **Câncer:** deseja uma mãe(pai) e ao mesmo tempo uma menino(a), protetor(a) e ingênuo(a), forte e delicado(a), corajoso(a) e imprevisível.
- **Leão:** seja brilhante, elegante, luminoso(a), ou seja, a estrela do show.
- **Virgem:** seja objetivo(a), preciso(a), eficiente, mas sempre discreto(a).

- **Libra:** você deve mostrar a imagem típica de pessoa de classe, elegante, com discrição e desenvoltura, mas não intrometido(a) e, às vezes, um pouquinho esnobe.
- **Escorpião:** este signo será conquistado por um(a) devorador(a), provocante e um pouco atrevido(a), que sabe o que quer e como quer.
- **Sagitário:** Tenha ousadia, entusiasmo, seja amante de esportes e aventuras. Transborde otimismo e alegria.
- **Capricórnio** seja firme e trabalhador(a). Valorize a família. Seja doce, mas forte.
- **Aquário** seja uma pessoa sem preconceitos e esteja sempre à frente de seu tempo. Tenha sempre na gaveta um pacote de ideias novas e entusiastas.
- **Peixes:** seja uma pessoa supersensível, super emotivo(a), esteja sempre à busca de conforto e apoio.

Reflexão: "Quando procurar seu parceiro, se sua intuição for virtuosa, você o encontrará. Senão, você ficará encontrando a pessoa errada". – Joseph Campbell

Capítulo Dez

Curiosidades: Você Sabe Como Surgiu o Dia dos Namorados?

Essa data sempre me trouxe uma curiosidade especial, afinal é um dia em que todos estão comemorando o amor. Então fui pesquisar e descobri que sua origem remonta à Roma antiga do século III. O imperador da época, Claudio II, proibiu os matrimônios. Mas, São Valentim, um bispo católico, desobedecia à ordem imperial realizando casamentos entre os jovens apaixonados. Condenado à morte por tal rebeldia em 14 de fevereiro de 270, a data entrou para a história como o Dia de São Valentim, uma homenagem ao mártir e a todos os namorados.

Mas qual a relação do dia 14 de fevereiro, consagrada ao mártir e aos namorados do mundo, com o dia 12 de junho, Dia dos Namorados no Brasil? Uma incorreção histórica, uma rebeldia contra São Valentim? Nada disso, um simples oportunismo comercial. Como a maioria das datas comemorativas, a intenção é aumentar vendas e lucros num período de vacas magras do comércio. O Dia dos Namorados é celebrado no dia 12 de junho somente no Brasil. No restante do mundo ocidental e civilizado, principalmente no Hemisfério Norte, o dia consagrado aos namorados é 14 de fevereiro, o "Dia de São Valentim" ou "Valentine's Day".

Muitas pessoas e pesquisadores acreditam que a origem da comemoração do Dia dos Namorados no dia 12 de junho foi estipulada por ser véspera do Dia de Santo Antônio, o santo casamenteiro.

Um único dia não tem o dom de recuperar todo o carinho e a atenção que faltaram em centenas de outros. Mas, como nem todos não pensam da mesma forma, por via das dúvidas, e porque mal não vai fazer, no próximo Dia dos Namorados ofereça uma rosa para sua (seu) amada(o)...

E para as bruxinhas de plantão, temos que aproveitar essa energia coletiva para trabalhar nosso amor pessoal, o fortalecimento com a pessoa amada e, ainda, abrir nossos caminhos para encontrar, quem sabe, nossa grande cara-metade.

Capítulo Onze

Histórias Que Tocarão o Coração

O homem que não acreditava no amor

Quero lhe contar uma história muito antiga a respeito de um homem que não acreditava no amor. Ele era uma pessoa comum, como você e eu, mas seu modo de pensar tornava-o diferente. O homem achava que o amor não existia.

Claro, ele teve muitas experiências tentando encontrar o amor, observou bastante as pessoas que o cercavam. Passou a maior parte da vida procurando o amor, apenas para descobrir que era algo que não existia. Aonde quer que esse homem fosse, dizia às pessoas que o amor não passava de uma invenção dos poetas, a mente fraca dos humanos, forçando-os a acreditar, para controlá-los. Dizia que o amor não é real, que nenhum ser humano poderia encontrá-lo, mesmo que passasse a vida procurando-o.

Esse homem era extremamente inteligente e muito convincente. Lia muitos livros, frequentara as melhores universidades, era um erudito respeitado. Podia falar em público, diante de qualquer tipo de plateia, sempre com lógica irrefutável. Dizia que o amor é uma espécie de droga que provoca euforia e cria forte dependência; que uma pessoa pode viciar-se em amor e começar a necessitar de doses diárias, como os dependentes de qualquer substância.

Costumava afirmar que o relacionamento dos amantes é igual ao relacionamento entre um viciado e a pessoa que lhe fornece droga. O que tem mais necessidade de amor é o viciado, o que tem menos, é o fornecedor. Aquele, entre os dois, que tem menos necessidade é quem controla todo o relacionamento. Dizia que é possível ver isso com clareza porque, num relacionamento, quase sempre há um que ama sem reservas e outro que não ama, que apenas tira vantagem daquele que lhe entrega seu coração. Que é possível ver, pelo modo como os dois se manipulam, como agem e reagem, que são iguais ao fornecedor de uma droga e o viciado.

O viciado, aquele que tem mais necessidade, vive com medo de não conseguir receber a próxima dose de amor, ou seja, da droga. E pensa: "O que vou fazer, se ele(a) me deixar?". O medo torna o viciado extremamente possessivo. "Ele é meu!". O medo de não receber a próxima dose torna-o ciumento e exigente. O fornecedor pode controlar e manipular aquele que necessita da droga, dando-lhe mais doses, menos doses ou nenhuma dose. O que necessita da droga submete-se completamente e faz tudo o que pode para não ser abandonado.

O homem ainda dizia muito mais, quando explicava por que achava que o amor não existia. Declarava que aquilo que os humanos chamam de amor é apenas um relacionamento de medo baseado no controle. "Onde está o respeito? Onde está o amor que afirmam sentir? Não há amor. Dois jovens, diante de um representante de Deus, diante de suas famílias e de seus amigos, fazem uma porção de promessas um ao outro:

viver juntos para sempre, amar-se e respeitar-se mutuamente, estar um ao lado do outro nos bons e maus momentos, honrar-se. Promessas e mais promessas. O mais espantoso é que eles realmente acreditam que vão cumpri-las. Mas, após o casamento – uma semana, um mês, alguns meses depois – fica claro que nenhuma das promessas foi cumprida. O que se vê é uma guerra pelo comando, para ver quem manipula quem. Quem será o fornecedor, e quem será o viciado? Alguns meses depois, o respeito que prometeram ter um pelo outro desapareceu. Surgiu o ressentimento, o veneno emocional, e ambos ferem-se reciprocamente, pouco a pouco, cada vez mais, até que eles não sabem mais quando o amor acabou. Permanecem juntos porque têm medo de ficar sozinhos, medo da opinião e do julgamento dos outros, medo de sua própria opinião e de seu próprio julgamento. Mas, onde está o amor?."

O homem costumava dizer que via muitos velhos casais, unidos havia 30, 40, 50 anos, que tinham orgulho de estar juntos durante tanto tempo. Mas, quando falavam a respeito de seu relacionamento, diziam: "Sobrevivemos ao matrimônio". Isso significa que um deles submeteu-se ao outro. A certa altura, ela (ou ele) desistiu e decidiu suportar o sofrimento. O que teve vontade mais forte e menos necessidade venceu a guerra. Mas onde está aquela chama a que deram o nome de amor? Um trata o outro como se fosse propriedade sua. "Ela é minha", "Ele é meu".

O homem mostrava mais e mais razões que o haviam levado a acreditar que o amor não existe. Dizia: "Eu já passei por tudo isso. Nunca mais permitirei que outra pessoa manipule minha mente e controle minha vida em nome do amor". Seus argumentos eram bastante lógicos, e com suas palavras ele convenceu muitas pessoas. "O amor não existe".

Então, um dia esse homem andava por um parque quando viu uma linda mulher chorando, sentada num banco. Ficou curioso, querendo saber por que motivo ela chorava. Sentando-se ao seu lado, perguntou-lhe se podia ajudá-la. Imaginem qual foi a surpresa dele, quando a mulher respondeu que chorava porque o amor não existia.

– Mas isto é espantoso! – o homem exclamou – Uma mulher que não acredita no amor? – E, claro, quis descobrir mais coisas a respeito dela. – Por que acha que o amor não existe? – indagou.

– É uma longa história – ela respondeu. – Casei-me muito jovem, cheia de amor, cheia de ilusões, com a esperança de passar minha vida inteira com aquele homem. Juramos lealdade um ao outro, juramos que nos respeitaríamos, que honraríamos nossa união e que formaríamos uma família. Mas logo tudo mudou. Eu era uma esposa dedicada, que cuidava da casa e dos filhos. Meu marido continuou a progredir em sua carreira. Seu sucesso e a imagem que mostrava fora de casa eram, para ele, mais importantes do que a família. Perdemos o respeito um pelo outro. Nós nos feríamos mutuamente, e um dia descobri que não o amava e que ele também não me amava. Mas as crianças precisavam de um pai, e essa foi minha desculpa para ficar e fazer tudo o que pudesse para dar apoio a ele. Agora, meus filhos cresceram e saíram de casa. Não tenho mais nenhuma desculpa para ficar com ele. Não existe respeito nem gentileza em nosso relacionamento. Sei que, mesmo que eu encontre outra pessoa, vai ser tudo igual, porque o amor não existe. Não faz sentido procurar por algo que não existe. É por isso que estou chorando.

Compreendendo-a muito bem, o homem abraçou-a e disse:

– Tem razão, o amor não existe. Procuramos por ele, abrimos o coração e nos tornamos fracos, para, no fim, encontrarmos apenas egoísmo. Isso nos fere, mesmo que achemos que não vamos ser feridos. Não importa o número de relacionamentos que possamos ter, a mesma coisa sempre acontece. Por que ainda continuamos a procurar o amor?

Os dois eram tão parecidos, que se tornaram grandes amigos. Tinham um relacionamento maravilhoso. Respeitavam-se, um nunca humilhava o outro. Ficavam mais felizes a cada passo que davam juntos. Entre eles não havia ciúme nem inveja, nenhum dos dois queria assumir o comando, nem era possessivo. O relacionamento continuou a crescer. Eles adoravam estar juntos, porque sempre se divertiam muito. Quando estavam separados, um sentia falta do outro. Um dia, o homem encontrava-se fora da cidade, quando teve a mais esquisita das ideias. "Hum, talvez o que eu sinta por ela seja amor. Mas isto é muito diferente de qualquer outra coisa que já senti. Não é o que os poetas dizem, assim como não é o que os religiosos pregram, porque não sou responsável por ela. Não tiro nada dela, não sinto necessidade de que ela cuide de mim, não preciso culpá-la por minhas dificuldades, nem contar-lhe meus dramas. O tempo que passamos juntos é maravilhoso, gostamos um do outro. Respeito o que ela pensa, o que sente. Ela não me envergonha, não me aborrece. Não sinto ciúme, quando ela está com outras pessoas, não tenho inveja, quando a vejo ter sucesso em alguma coisa. Talvez o amor exista, mas não seja aquilo que todo mundo pensa que é".

O homem mal pôde esperar pelo momento de voltar para sua cidade e conversar com a mulher para expor-lhe a ideia esquisita que tivera. Assim que ele começou a falar, ela disse: – Sei exatamente do que é que você está falando. Tive a mesma ideia, bastante tempo atrás, mas não quis lhe contar, porque sei que você não acredita no amor. Talvez o amor exista, mas não seja aquilo que pensamos que é. Decidiram tornar-se amantes e morar juntos e, de maneira admirável, as coisas não mudaram. Os dois continuaram a respeitar-se, a dar apoio um ao outro, e o amor continuou a crescer. Até as coisas mais simples faziam seus corações cantar, cheios de amor, por causa da grande felicidade em que eles viviam.

O coração do homem estava tão repleto de amor que, uma noite um grande milagre aconteceu. Ele olhava as estrelas e encontrou uma que era a mais bela de todas. Seu amor era tão imenso que a estrela começou a descer do céu e logo estava aninhada nas mãos dele. Então outro milagre aconteceu, e a alma do homem uniu-se à estrela. Ele estava imensamente feliz e foi procurar a mulher o mais depressa possível para depositar a estrela nas mãos dela, provando seu amor. Assim que recebeu a estrela nas mãos, a mulher experimentou um momento de dúvida. Aquele amor era grande demais, avassalador.

Naquele instante, a estrela caiu das mãos dela e estilhaçou-se em um milhão de pedacinhos. Agora, um velho anda pelo mundo jurando que o amor não existe. E uma velha bonita permanece em casa, esperando por ele derramando lágrimas pelo paraíso que um dia teve nas mãos e perdeu por causa de um momento de dúvida.

Esta é a história do homem que não acreditava no amor.

Quem foi que errou? Você gostaria de descobrir qual foi a falha?

O erro foi do homem, que pensou que poderia passar sua felicidade para a mulher. A estrela era sua felicidade, e ele errou quando colocou nas mãos dela. A felicidade nunca vem de fora de nós. O homem era feliz por causa do amor que saía dele, e a mulher era feliz por causa do amor que saía dela. Mas, no momento em que ele a tornou responsável por sua felicidade, ela deixou cair a estrela, quebrando-a, porque não podia se responsabilizar pela felicidade dele. Por mais que a mulher o amasse, jamais poderia fazê-lo feliz, porque nunca saberia o que se passava na mente dele. Nunca saberia quais eram as expectativas do homem, porque não poderia conhecer os sonhos dele.

Se você pegar sua felicidade e colocá-la nas mãos de outra pessoa, mais cedo ou mais tarde a verá estilhaçada. Se der sua felicidade a alguém, você a perderá. Então, se a felicidade só pode vir de dentro de nós, sendo resultado de nosso amor, nós somos os únicos responsáveis por ela. Nunca podemos tornar outra pessoa responsável por nossa felicidade, mas quando os noivos vão à igreja para casar, a primeira coisa que fazem é trocar alianças. Cada um está colocando sua estrela nas mãos do outro, esperando dar e receber felicidade. Por mais imenso que seja seu amor por alguém, você nunca será o que esse alguém quer que você seja. Este é o erro que a maioria de nós comete, logo de início.

Baseamos nossa felicidade em nossos parceiros, e não é assim que as coisas funcionam. Fazemos uma porção de promessas que não podemos cumprir, já nos preparando para o fracasso.

Muzaffer Ozak Efendi – (Um Conto Sufi)

Uma história da sabedoria dos *índios Sioux*...

Uma velha lenda dos índios Sioux diz que, uma vez, Touro Bravo, o mais valente e honrado de todos os jovens guerreiros, e Nuvem Azul, a filha do cacique, uma das mais formosas mulheres da tribo, chegaram de mãos dadas até a tenda do velho feiticeiro.

– Nós nos amamos... e vamos nos casar – disse o jovem – E nos amamos tanto que queremos um feitiço, um conselho, ou um talismã... Alguma coisa que nos garanta que poderemos ficar sempre juntos... Que nos assegure que estaremos um ao lado do outro até encontrarmos a morte. Há algo que possamos fazer?

E o velho, emocionado ao vê-los tão jovens, tão apaixonados e tão ansiosos por uma palavra, disse:

– Tem uma coisa a ser feita, mas é uma tarefa muito difícil e sacrificante... Tu, Nuvem Azul, deves escalar o monte ao norte dessa aldeia e, apenas com uma rede e tuas mãos, caçar o falcão mais vigoroso do monte... Deves trazê-lo aqui com vida, até o terceiro dia depois da Lua Cheia.

E tu, Touro Bravo – continuou o feiticeiro –, deves escalar a montanha do trono, e lá em cima encontrarás a mais brava de todas as águias. Somente com as tuas mãos e uma rede, deverás apanhá-la e trazê-la para mim, viva!

Os jovens abraçaram-se com ternura e logo partiram para cumprir a missão recomendada... No dia estabelecido, à frente da tenda do feiticeiro, os dois esperavam com as aves dentro de um saco.

O velho pediu que, com cuidado, as tirassem dos sacos... e viu que eram verdadeiramente formosos exemplares...

– E agora, o que faremos? Devemos matá-los e depois beber a honra de seu sangue? Ou cozinhamos e depois comemos o valor da sua carne? – propôs a jovem.

– Não! – disse o feiticeiro... – Apanhem as aves e amarrem-nas entre si pelas patas com essas fitas de couro... Quando as tiverem amarrado, soltem-nas, para que voem livres...

O guerreiro e a jovem fizeram o que lhes foi ordenado e soltaram os pássaros... A águia e o falcão tentaram voar, mas apenas conseguiram saltar pelo terreno. Minutos depois, irritadas pela incapacidade do voo, as aves arremessavam-se entre si, bicando-se até se machucar.

E o velho disse:

– Jamais esqueçam o que estão vendo... este é o meu conselho.

Vocês são como a águia e o falcão... se estiverem amarrados um ao outro, ainda que por amor, não só viverão arrastando-se, como também, cedo ou tarde, começarão a machucar-se um ao outro... Se quiserem que o amor entre vocês perdure... "Voem juntos... mas jamais amarrados".

Capítulo Doze

E, para Terminar, Vamos Falar sobre Desejos

Saibam que concretizamos desejos inconscientemente a nosso favor e, infelizmente, também contra nós mesmos.

Pois é... Somos muitas vezes nosso maior inimigo...

Conseguimos desejar com muita frequência coisas que nos prejudicam.

Isso acontece, porque vivemos num mundo altamente negativo, corrupto e consumista, que nos leva a revoltas, frustrações, fobias e ao famigerado e tão em moda estresse.

O mundo da comunicação (jornais, revistas, rádios e TV) nos influencia para o bem e para o mal: notícias que nos preocupam e apavoram; novelas que ditam modas; satisfazem nossas frustrações e agora até trazem informações valiosas sobre drogas, comportamento e doenças; e principalmente a publicidade, por meio de suas artimanhas para vender algo, mostra de maneira encoberta que comprar tal coisa vai nos tornar importantes, amados e admirados por todos, nos induzindo a despertar o desejo de posse.

Dependendo do modo de pensar e falar, conseguimos o que desejamos. Pensamentos e palavras possuem uma energia muito forte, por isso é importante também que ambos estejam de acordo.

Ocorre com frequência falarmos sobre algo e pensarmos de forma diferente sobre o assunto. Isto se dá por causa de vários motivos, e o principal é agradar aos outros.

Outro modo, que é o mais destrutivo na concretização de desejos, é achar que nunca poderemos ter algo, por causa de dinheiro ou da condição de vida que levamos.

Vamos analisar como falam a maioria das pessoas quando desejam algo. Geralmente dizem: Ah! Como queria ter um carro.

Ao usar o termo "queria", repassa a ideia de que a pessoa acha que não o merece, que ela já se conformou de não tê-lo. E a mente, que só sabe obedecer o que queremos, entendeu que tal pessoa não quer o carro.

Outro mau costume que a maioria tem é o de tornar seu o que não deseja. Um bom exemplo é a frase: "A minha gastrite está acabando comigo". Se já disse que a gastrite é dela, a mente entende que deve continuar com ela e que faça bom proveito. Pequenas palavras acabam com as chances de realizar o que desejamos, e, o pior, causam efeito contrário.

Veja como é importante o falar e pensar positivo e corretamente. Frases como:

"Acho que vou ficar gripado". (já ficou)

"Queria tanto algo, mas sei que nunca terei". (então não terá)

"Este bolo que vou fazer vai ficar uma delícia". (já ficou)

"Concretizar desejos tem uma forte ligação com a fé".

"Um exemplo é quando fazemos uma simpatia duvidando de sua eficácia. Pode ter certeza de que não dará bom resultado".

Alguém muito conhecido (Jesus) que em seu nome se faz o bem, mata e subjuga, disse: "A fé move montanhas".o que realmente é verdade.

Por meio do curso de concretização de desejos aprenderemos como agir, pensar e falar para conseguir o que quisermos.

Seguindo direito as orientações, conseguiremos concretizar um desejo no mais tardar em um mês. Se eu consigo o que quero? Sim, uma prova é você mesmo. Desejei muito passar este conhecimento, para o maior número de pessoas possível..

Somos e temos o que pensamos

Tudo que pensamos nos leva a sentir algo.

A mente consciente faz a parte lógica e a mente inconsciente reage com o sentir e concretiza esse sentir. Como já foi dito: Acho que estou ficando gripado" (já ficou).

Seja positivo em pensamentos e atos

Isto não é fechar os olhos para o ruim, mas, sim, aprender com ele.

Nunca diga: **QUERIA**. Troque por: **EU QUERO**.

Como tornar seus dias melhores

Para isso basta seguir as regras:

Não se preocupar. Acalme-se e estude uma saída. Sempre há uma saída, se acreditar em seu potencial e em DEUS.

Repita várias vezes o seguinte:

ALGO DE EXTRAORDINÁRIO ESTÁ ACONTECENDO.
ACREDITO EM MIM E EM DEUS.
SEI QUE SEMPRE HÁ UMA SAÍDA
QUE ASSIM SEJA!

Medite sobre estas palavras:

Acredito, mereço, quero

Acredito = porque tenho fé em minha capacidade e na minha entidade.
Mereço = porque Deus quer minha felicidade.
Quero = porque minha vontade é inabalável.

Querer, saber, ousar e calar

Querer = vontade firme.
Saber = sei como agir (ritual).
Ousar = ouso agir, pois tenho o conhecimento e a fé necessários para o que desejo realizar.
Calar = ao silenciar não corro o risco da interferência do pensamento e desejo dos outros, que poderão ser contra o que quero por vários motivos.

No dia que for fazer o ritual de concretização de seu desejo, coma só o necessário e evite carne e bebida alcoólica.

Fale só o necessário e condicione-se a ficar calmo(a).

Use uma roupa confortável.

Deseje uma coisa de cada vez.

Faça uma lista de seus desejos e escolha o que quer primeiro.

Não conte para ninguém sobre seu desejo e o ritual até que ele se realize (**SEGREDO COMPLETO**)

Prepare o local:

Deixe o ambiente na penumbra o iluminando com uma luz azul.

Se não tem um altar, o prepare sobre um móvel (banquinho, mesa, etc.).

Coloque no altar:
Um **incenso** floral.
Uma **vela vermelha** (é a cor da urgência).
Um **prato** fundo.
Uma **xícara** de café (ou copinho) com **água** e um pouquinho de **mel** (ou açúcar).
Um **pires** com duas gotas de **azeite** ou óleo de amêndoa.
Alguns **palitos** de dente.
Uma caixa de **fósforos**.
Um vaso com uma **flor**.
Foto ou desenho do que deseja.
Um **papel** escrito (com lápis preto) com o que deseja. (Ex.: **DESEJO JÁ................... QUE ASSIM SEJA**)
Na frente do altar, coloque uma **cadeira**.

RITUAL:

Acenda o incenso

Faça uma pequena **oração** para a entidade de sua preferência. Ex.:

DESEJO QUE ME ACOMPANHE NESTE RITUAL E CONCRETIZE JÁ MEU DESEJO DE TER............... QUE ASSIM SEJA.

Com a mão direita (se for canhoto, com a mão esquerda) circule com o dedo indicador no sentido **ANTI-HORÁRIO** sobre o altar, dizendo: **RETIRADA DE TODA NEGATIVIDADE.**

Em seguida, circule com o dedo indicador no sentido **HORÁRIO** dizendo: **ENERGIZAÇÃO, PURIFICAÇÃO E PROTEÇÃO.**

Sente-se na cadeira sem cruzar braços e pernas, mantendo a coluna reta.

Faça a **respiração** ritmada três vezes cada uma.
Faça o **relaxamento**.
Escreva seu desejo **na vela** com o palito de dente no sentido da base para o pavio.
Ex.: **QUERO JÁ............ QUE ASSIM SEJA!**
Passe o **azeite na vela** (menos na base e no pavio), enquanto **imagina** já tendo **o que quer**.
Acenda a vela e coloque no prato pingando duas gotas para prendê-la.
Pegue a xícara e, com o indicador, **misture a água com o mel** no sentido horário, dizendo: **ADOÇANDO TUDO E TODOS OS ENVOLVIDOS NA CONCRETIZAÇÃO DO MEU DESEJO............ QUE ASSIM SEJA!** E jogue a água no prato.
Pegue o papel, **leia em voz alta** o que está escrito e o **queime** na chama da vela ao dizer: **DESEJO REALIZADO**. Coloque o papel queimado na água do prato.
Pegue a **foto** ou gravura do que quer e **olhe** para ela durante um tempo imaginando que **já a possui**.
Na **primeira vez** que for concretizar seu desejo, feche os olhos e imagine uma tela de cinema na sua frente, **comece ridicularizando** o que deseja como se fosse um filme. Quando já estiver sentindo raiva da situação, **pegue** um enorme apagador e, com toda essa raiva, apague tudo dizendo: **CHEGA! NÃO É ISSO QUE QUERO!**
Coloque na tela um **filme com o que deseja**; entre nela e aja como já tendo o que quer: **vendo, tocando, sentindo o tato, o cheiro e ouvindo seu som**.
No final, diga: **DESEJO REALIZADO, ASSIM É E ASSIM SERÁ, PORQUE ACREDITO, MEREÇO E QUERO. QUE ASSIM SEJA!**
Abra os olhos piscando antes, **movimente braços e pernas**.

Levante-se da cadeira, pegue o **copo com a água**, erga e faça um **brinde** pelo desejo já concretizado, dizendo: **DESEJO JÁ REALIZADO! QUE ASSIM SEJA!**

Faça uma pequena **oração** para sua entidade agradecendo pela ajuda. Ex.:

..............., AGRADEÇO POR ME AJUDAR A CONCRETIZAR JÁ MEU DESEJO DE............... QUE ASSIM SEJA!

Repetir O RITUAL mais **dois dias**, mas **SEM RIDICULARIZAR**.

Depois, **toda noite,** antes de dormir, **olhe para a foto** ou desenho do que deseja e "**SONHE ACORDADO**" como já TENDO O QUE QUER até a realização do desejo. Mas lembre-se, sem ridicularizar.

Durante o dia, se vier um pensamento de **dúvida ou descrença** da concretização do seu desejo, corte imediatamente, pensando ou dizendo: **DESEJO JÁ REALIZADO!**

Se fizer direito, no máximo em um mês concretiza o que desejou. Mas, lembre-se: use de toda fé na sua entidade, em si mesmo e no ritual.

CREIA e tudo terá, porque **"A FÉ MOVE MONTANHAS"**.

Como relaxar

10 = cabeça (ela vai se derretendo até sumir)
9 = pescoço
8 = ombro
7 = braço esquerdo
6 = braço direito
5 = tronco
4 = perna esquerda
3 = perna direita
2 = pé esquerdo

1 = pé direito
0 = dedos dos pés

Sinta o maxilar e a testa soltando-se (a boca fica um pouco aberta).

Deixe os pensamentos correrem e ordene que irá tratar desses assuntos depois, melhor ainda se determinar data ou hora.

Como retornar após o relaxamento

Contar mentalmente:
5 = estou voltando ao meu estado mental normal
4 = estou voltando e me sinto muito bem
3 = mexer os dedos dos pés e das mãos lentamente
2 = estou me sentindo feliz e bem disposto(a)
1 = abra e feche os olhos lentamente
0 = espreguiçar e levantar calmamente

Exercícios respiratórios

1º EXERCÍCIO:

Aspirar o ar pela narina contando até 4 e soltar pela boca, também contando até 4.

Repetir algumas vezes com ritmo.

2º EXERCÍCIO:

Aspirar o ar contando até 4
Segurar o ar contando até 2
Soltar o ar contando até 4
Repetir algumas vezes com ritmo.

3º EXERCÍCIO:

Fechar a narina direita com o dedo indicador e aspirar o ar pela narina esquerda.

Prender a narina esquerda com o dedo indicador e soltar o ar pela narina direita e fechar essa narina.

Aspirar o ar pela narina esquerda, fechá-la e soltar pela narina direita.
Repetir algumas vezes com ritmo.
Voltar à respiração normal

Algumas recomendações

AMAR-SE:
Tenha autoconfiança, repare no seu lado bom tanto mental como físico. De manhã, olhe-se no espelho e se dê um bom dia, sorria para você.

NÃO SE MENOSPREZE:
Acredite em sua capacidade. Isso reforça o QUERER e a VONTADE.

AMAR A TUDO E A TODOS:
Isso reforça a paz, o bom humor e desenvolve a compreensão.

SABER QUE ERRA E OS OUTROS TAMBÉM:
Isto o torna cauto, ensina a não julgar e elimina a mágoa e o rancor.

Dê as coisas que não usa tanto.

Dê para uma pessoa algo que usa (mas não lhe faz falta) e você percebeu que ela o deseja muito.

ANTES DE DAR ALGO, agradeça o tempo que o usou e que ele seja útil para quem vai dar.

Repita sempre:

TENHO TUDO O QUE QUERO E TODAS AS MINHAS NECESSIDADES SÃO E SERÃO SEMPRE ATENDIDAS.

ASSIM É, ASSIM SERÁ, PORQUE ACREDITO, MEREÇO E QUERO.

QUE ASSIM SEJA!

Termino por aqui,
esperando nos encontrar em breve.
Beijos encantados.
Tânia Gori
www.taniagori.com.br
E-mail: taniagori@casadebruxa.com.br
Blog: taniagori.com.br

Nota do Editor

A Madras Editora não participa, endossa ou tem qualquer autoridade ou responsabilidade no que diz respeito a transações particulares de negócio entre o autor e o público.

Quaisquer referências de internet contidas neste trabalho são as atuais, no momento de sua publicação, mas o editor não pode garantir que a localização específica será mantida.

Bibliografia

BARTEL, Nicole. *A Magia a Serviço do Prazer Sexual.* São Paulo: Ed. Hemus, 1995.

BOWES, Susan. *Magias e Rituais de Amor.* São Paulo: Ed. Pensamento, 1998.

COSTA, Ana Elizabeth Cavalcanti da. *Bruxas, Amor e Magia.* São Paulo: Ed. Berkana, 2002.

CUNNINGHAM, Scott. *Enciclopédia de Cristais, Pedras Preciosas e Metais.* São Paulo: Ed. Gaia, 1999.

DUNWICH, Gerina. *Poções Mágicas.* Rio de Janeiro: Ed. Bertrand Brasil, 2000.

EASON, Cassandra. *Um Guia Mágico para o Amor e o Sexo.* São Paulo: Ed. Pensamento, 2000.

FARELLI, Maria Helena. *Como Agarrar o Seu Amor pela Magia.* Rio de Janeiro: Ed. Pallas, 2002.

FRAZÃO. Márcia. *Amor se faz na Cozinha.* Rio de Janeiro: Ed. Bertrand Brasil, 2002.

FRAZÃO, Márcia. *Revelações de uma Bruxa*. Rio de Janeiro: Ed. Bertrand Brasil, 2000.

GORI, Tânia. *Bruxaria Natural – Uma Escola de Magia*. São Paulo: Ed. Alfabeto, 2002.

_____. *Bruxaria Natural – Uma Filosofia de Vida*. São Paulo: Madras Editora, 2012.

MANTTOVANE, André Luiz. *Magia para o Coração*. São Paulo: Madras Editora, – 2001.

MCCOY, Edain. *Encantamentos de Amor*. São Paulo: Ed. Gaia, 2001.

SOARES, Cecília B. L. da Veiga. *O Livro de Ouro das Flores*. São Paulo: Ed. Ediouro, 2002.

RHUDANA, Sibylla. *Magia Cigana para o Amor*. Rio de Janeiro: Ed. Pallas, 1999.

WELWOOD, James. *Alquimia do Amor*. Rio de Janeiro: Ed. Ediouro, 2001.

MADRAS® Editora — CADASTRO/MALA DIRETA

Envie este cadastro preenchido e passará a receber informações dos nossos lançamentos, nas áreas que determinar.

Nome _____
RG _____ CPF _____
Endereço Residencial _____
Bairro _____ Cidade _____ Estado _____
CEP _____ Fone _____
E-mail _____
Sexo ❏ Fem. ❏ Masc.   Nascimento _____
Profissão _____ Escolaridade (Nível/Curso) _____

Você compra livros:
❏ livrarias   ❏ feiras   ❏ telefone   ❏ Sedex livro (reembolso postal mais rápido)
❏ outros: _____

Quais os tipos de literatura que você lê:
❏ Jurídicos   ❏ Pedagogia   ❏ Business   ❏ Romances/espíritas
❏ Esoterismo ❏ Psicologia ❏ Saúde   ❏ Espíritas/doutrinas
❏ Bruxaria   ❏ Autoajuda   ❏ Maçonaria   ❏ Outros:

Qual a sua opinião a respeito desta obra? _____
_____

Indique amigos que gostariam de receber MALA DIRETA:
Nome _____
Endereço Residencial _____
Bairro _____ Cidade _____ CEP _____

Nome do livro adquirido: ***A Magia da Conquista***

Para receber catálogos, lista de preços e outras informações, escreva para:

MADRAS EDITORA LTDA.
Rua Paulo Gonçalves, 88 – Santana – 02403-020 – São Paulo/SP
Caixa Postal 12183 – CEP 02013-970 – SP
Tel.: (11) 2281-5555 – Fax.:(11) 2959-3090
www.madras.com.br

MADRAS® Editora

Para mais informações sobre a Madras Editora,
sua história no mercado editorial
e seu catálogo de títulos publicados:

Entre e cadastre-se no site:

www.madras.com.br

Para mensagens, parcerias, sugestões e dúvidas, mande-nos um e-mail:

marketing@madras.com.br

SAIBA MAIS

Saiba mais sobre nossos lançamentos,
autores e eventos seguindo-nos no facebook e twitter:

@madrased

/madraseditora